Dietz Berlin / Biografische Miniaturen

Harald Koth (Hrsg.)

Karl Kautsky oder: Der »Kirchenvater« des Marxismus

Dietz Berlin

Für die umfassende Unterstützung danke ich allen Mitstreitern, namentlich Jörn Schütrumpf für seine vielfältigen Hinweise und Ergänzungen sowie Christine Krauss für das einfühlsame Lektorat.

HARALD KOTH

Bibliografische Informationen der Deutschen Nationalbibliothek
Die Deutsche Nationalbibliothek verzeichnet diese Publikation in der Deutschen Nationalbibliografie; detaillierte bibliografische Daten sind im Internet über http://dnb.dnb.de abrufbar.

Die Schreibweise der Zitate und Dokumente in diesem Band ist den Regeln der neuen Rechtschreibung angeglichen.

Gefördert von der Rosa-Luxemburg-Stiftung

Mit 9 Abbildungen

1. Auflage 2022

Gestaltung: Andreas Homann
Lektorat: Christine Krauss
Druck und Bindung: CPI, Leck
Printed in Germany

ISBN 978-3-320-02398-0

Inhalt

Karl Kautsky, um 1920.

Das Elend des Partei-Intellektuellen

Harald Koth

Im Nebel

Karl Kautsky: Schon seit Langem hat dieser Name seinen Klang verloren. Dabei schien die Zeit ab 1900 zu seinem Jahrhundert zu werden. Heute wird Kautsky – wenn überhaupt, dann bestenfalls – im Zusammenhang mit weniger Vergessenen erwähnt, meistens auch dann nur am Rande. Durch die Jahrzehnte hallen statt seines eigenen die Namen seiner Schüler: Lenin, Trotzki, Luxemburg ... Kein Wunder: Von diesem Mann liegt nicht einmal eine vollständige Biografie vor.[1]

Ohne Marx kein Kautsky; das ist für die, die es noch wissen, selbstverständlich. Aber auch: Ohne Kautsky kein Marxismus. Er hatte Marx erst genießbar gemacht, ihn sozusagen aus dem Fass auf Flaschen gezogen.[2] Heute hätte der Marxismus zumindest ein anderes Gesicht, falls es ihn überhaupt gegeben hätte. Ohne diesen Karl Kautsky wäre das 20. Jahrhundert zudem etwas anders verlaufen – genauso blutig wohl, aber vielleicht mit weniger hochfahrenden Erwartungen und mit weniger enttäuschten Hoffnungen.

Und Lenin hätte sich nicht mit dem lange Jahre hoch Angesehenen schmücken können – bis er durch seine Getreuen sich ermächtigt genug wähnte, dessen Thron selbst zu erklimmen. Und Trotzki, für seine Anhänger bald »die Feder«, hätte nie in Kautskys *Neuer Zeit* publiziert und so schon vor der Machtübernahme durch die Bolschewiki zu einem deutschsprachigen Publikum aus sozialdemokratischen Intellektuellen gefunden. Allenfalls Rosa Luxemburg wäre kaum einen anderen Weg gegangen – auch wenn nach einem Jahrzehnt der größten Übereinstimmung mit dem zunächst anerkannten Meister ab 1910 scharfe Debatten zwischen beiden dominierten.[3]

In der SPD kamen Kautsky die Gesinnungsgenossen nach 1914 massiv abhanden: durch seine schärfer werdende Kritik an der Zustimmung der sozialdemokratischen Reichstagsfraktion zu den Kriegskrediten, seine maßgeblichen Beiträge zur Parteispaltung ab 1915, seine starke Betonung der Kriegsschuld des deutschen Kaiserreiches, 1919 auch öffentlich vernehmbar. Ihm verging die Lust an seiner Arbeit: »Es hat keiner mehr eine rechte Freude an der Partei. Man arbeitet aus Pflichtgefühl, [...] aber nicht aus Begeisterung. Wie die Leute im Schützengraben«, notierte er zwei Jahre nach Kriegsbeginn.[4]

Am Ende haben ihn die bekanntesten seiner Schüler fast alle gehasst. Von ihnen verspottet zog sich der 70-Jährige 1924 nach Wien, in die Stadt seiner Jugend, zurück, von wo ihn die Nazis 1938 noch einmal in die Emigration zwangen: nach Amsterdam, wo er Wochen später verstarb. Auch seine zweite Frau, Luise, die – nur noch ein Schatten ihrer selbst – von engen Freunden 1944 in Auschwitz erkannt wurde, war nicht mehr zu retten ...

Denn nicht nur: ohne Marx kein Kautsky, auch: ohne Kautsky kein Lenin. Karl Kautsky hatte angemerkt, dass der Sozialismus kein Kind der Arbeiterbewegung sei, sondern erst in der Sozialdemokratie die Vereinigung von Arbeiterbewegung und Sozialismus stattgefunden habe.[5] Unterlassen hatte Kautsky jedoch, diese These weiter auszuarbeiten: »Der Klassenkampf des Proletariats hat zum naturgemäßen Ziel die sozialistische Produktion; er kann nicht eher enden, als bis diese erreicht ist. So gewiss, als das Proletariat schließlich zur herrschenden Klasse im Staat werden muss, ebenso gewiss ist der Sieg des Sozialismus.«[6]

Er begnügte sich mit dem Hinweis auf die »kämpfenden, zu politischem Selbstbewusstsein gelangten Schichten des industriellen Proletariats, welche die Träger der sozialistischen Bewegung bilden«[7] – ein Punkt, an dem Rosa Luxemburg anknüpfen und die auf Ludwig Feuerbach zurückgehende und von Marx übernommene Auffassung entfalten sollte, dass der Anspruch, »alle Verhältnisse umzuwerfen, in denen der Mensch ein erniedrigtes, ein geknechtetes, ein verlassenes, ein verächtliches Wesen ist«,[8] nicht von Stellvertretern, wie sie Parteien darstellen, sondern nur von den Erniedrigten und Geknechteten selbst eingelöst werden könne.

Ich erwarte, so hielt in diesem Sinne Kautsky 1902 fest, »dass die Masse, durch die Verhältnisse und ihre Instinkte getrieben, wieder gut macht, was die ›Staatsmänner‹ verbrochen. So lange ich in der Partei bin, kenne ich den staatsmännischen Typus, er ist immer derselbe, arbeitet mit denselben Mitteln, erzielt dieselben Wirkungen und muss doch immer vor der Masse kapitulieren.«[9]

Er dachte hierzu völlig anders als Lenin, der Mechaniker der Macht – organisch spürte er Entwicklungen nach. Auch »glaubte« er nicht an die Massen, obwohl ihm das oft unterstellt wurde und wird, er sah aber in ihnen die Einzigen, die sich selbst in die Lage versetzen konnten, die kapitalistische Ausbeutung, Unterdrückung und Erniedrigung zu überwinden, allerdings keineswegs zwangsläufig: überwinden mussten.

Mit alldem vermochte Lenin wenig anzufangen, auch wenn er auf den ersten Blick nichts anderes als Karl Kautsky postulierte: »Wir haben gesagt, dass die Arbeiter ein sozialdemokratisches Bewusstsein gar nicht haben konnten. Dieses konnte ihnen nur von außen gebracht werden. Die Geschichte aller Länder zeugt davon, dass die Arbeiterklasse ausschließlich aus eigener Kraft nur ein trade-unionistisches Bewusstsein hervorzubringen vermag [...]. Die Lehre des Sozialismus ist hingegen aus den philosophischen, historischen und ökonomischen Theorien hervorgegangen, die von den gebildeten Vertretern der besitzenden Klassen, der Intelligenz, ausgearbeitet wurden.«[10]

Doch wo Kautsky, dicht an Marx und nicht weit von Rosa Luxemburg, die Klasse durch die Ideen des Sozialismus zu einem politisch (selbst-)bewussteren Handeln und am Ende zu einem eigenständigen Überwinden jeglicher kapitalistischer Ausbeutung, Unterdrückung und Erniedrigung befähigt sah, verharrte Lenin am historischen Ausgangspunkt von Sozialismus und Arbeiterbewegung. Der Grund war kein politischer, sondern schlichtweg ein kognitiver. Lenin hatte das Problem nicht erfasst: Ausgerechnet die Klasse, die berufen sei, die Menschheit ins Reich der Freiheit zu führen, sei die erste

Klasse in der Geschichte, die unfähig ist, ihre eigenen Ziele und Interessen zu erkennen. Der Klasse – so der Führer der Bolschewiki – müsse das »richtige« Bewusstsein »von außen« zugeführt werden – durch aufgeklärte Berufsrevolutionäre, zumindest so weit, dass dieses Proletariat bereit gemacht werde, der »Partei neuen Typus« zu folgen. Das Volk als dumme Masse. Nicht die angeblich zur Emanzipation berufene Klasse emanzipiert – sich zuerst selbst und dann – die gesamte Menschheit. Das erledigen an ihrer statt die (ihr sich selbst) Vorgesetzten. Eine – geistige – Zangengeburt, gewiss, aber eine mit zähem Überlebenswillen.

Lenins »Weiterentwicklung« der Bemerkungen Kautskys wurde nicht nur für die Kräfte, die die kapitalistische Produktionsweise und ihre Folgen überwinden wollten, zur Katastrophe, sondern für die Menschheit als Ganzes: Aus der »Partei neuen Typus« entsprang die Berechtigung, eine Minderheitendiktatur zu errichten, die auf die Dauer nur mit Terror und Überwachungsstaat zu erhalten war – im Namen des Sozialismus. Mehr als 70 Jahre Herrschaft der Bolschewiki (1917–1991) haben vor allem eines bewirkt: dass – bis heute – jeglicher Versuch, eine Alternative zur jetzigen Produktionsweise zu entwickeln, umstandslos mit Gulag, Mauer und Stacheldraht gleichgesetzt und entsprechend diskreditiert werden kann und – wird.

Lenin berief sich bei seiner »genialen Weiterentwicklung« nicht nur auf Marx und Engels, sondern lange Zeit auch auf Kautsky. So wie Jesus jedoch nicht für die Kreuzzüge, die Inquisition und die Judenpogrome verantwortlich zu machen ist, sind es Marx und Kautsky nicht für die Folterkeller der GPU und die »Geistesriesen« des vormals real existierenden Sozialismus.

Mit Kautsky ist heute einer der zu Beginn des 20. Jahrhunderts einflussreichsten Menschen für die Theoriebildung der sozialistischen Bewegung fast vergessen – und mit ihm viele Wechselfälle der sozialistisch-kommunistischen Bewegung. Er selbst hat dazu beigetragen. Lange hatte er Lenins Bolschewiki fair behandelt; ab 1917 dominierte jedoch die grundsätzliche Kritik. Bald sah Kautsky mit ihnen keinerlei Möglichkeiten zur Verständigung mehr, spätestens ab 1925 redete er der elementaren Gewalt zur Überwindung des Bolschewismus das Wort. Nein, ein Politiker war er nicht, sein Schlachtfeld lag zumeist in der Studierstube. Doch schoss er nicht aus dem Hinterhalt – er bevorzugte das offene Visier. Schon im November 1917 hatte er aus seinem Refugium heraus gesehen, welche Gefahren für die sozialistische Idee mit der Minderheitenherrschaft aufziehen.[11]

Kautsky schrieb am Jahreswechsel 1917/18:

»Zweierlei dürfen allerdings die Bolschewiki von uns verlangen: Einmal, dass unsere Kritik keine gehässige, und dann, dass sie vorsichtig sei, sich nur auf verbürgte Tatsachen stütze, nicht jedes Gerücht sofort für bare Münze nehme. [...] Das Proletariat muss sich selbst befreien, es hat von keiner anderen Klasse dabei Hilfe zu erwarten. Um seine intellektuellen und organisatorischen Kräfte zu entfalten, dazu bedarf es der Demokratie. In der Demokratie treten auch die Gegensätze der Klassen am unverhülltesten zutage.

Wie jeder Klassenkampf ist der des Proletariats ein politischer Kampf. Die wirksamste politische Waffe des Proletariats ist seine Masse. Um sie zur Geltung zu bringen, bedarf es wieder der Demokratie.

Wo es unter der Demokratie nicht zur Herrschaft kommt, rührt das entweder daher, dass es noch nicht zahlreich genug ist, dass es noch nicht die Mehrheit der Bevölkerung umfasst, dass noch die besitzenden Klassen überwiegen. Oder daher, dass große Teile der arbeitenden Klassen noch geistig unselbstständig sind, sich von den bürgerlichen Parteien nasführen lassen, oder endlich daher, dass unter denjenigen seiner Teile, die ein selbstständiges Klassenbewusstsein gewonnen haben, viele noch an ihrer Kraft zweifeln und glauben, mehr zu erreichen, wenn sie an das Wohlwollen bürgerlicher Elemente appellieren, als wenn sie den rücksichtslosen Klassenkampf führen.

Wenn in solchen Fällen die Demokratie versagt, so beweist das nicht ihre Nutzlosigkeit, sondern nur die Unreife des Proletariats oder der Verhältnisse, unter denen es sich betätigt. [...]

Die Diktatur des Proletariats kann ersprießlich nur wirken als Herrschaft der Volksmehrheit über eine Minorität, sie bedroht uns mit den traurigsten und verderblichsten Verirrungen, wenn sie sich als Herrschaft einer Minorität über die Masse durchsetzen will.«[12]

Zu dieser Zeit war Kautsky schon auf dem Weg in die Isolation. Nur Lenin und Trotzki arbeiteten sich noch an ihm ab[13] und verhalfen ihm so zu einer Bedeutung, die er in der sozialdemokratischen Bewegung längst nicht mehr besaß.

Der »Halb-Tscheche«

Kautsky hatte mit 29 Jahren im Jahre 1883 das Monatsblatt *Die Neue Zeit* gegründet, war jedoch bald von Stuttgart ins weltstädtische London weitergezogen. Mit dem Fall des Sozialistengesetzes kehrten die SAPD (ab 1890 SPD) in die Legalität und Kautsky nach Deutschland zurück. Sein Verleger Dietz qualifizierte, unterstützt von der SPD, die Zeitschrift zum wöchentlich erscheinenden Organ. Das Blatt »rechnete« sich durchgängig erst ab 1910, wurde in Europa aber schnell zu dem Ort, an dem zu schreiben jedem sozialdemokratisch/sozialistischen Theoretiker zur Ehre gereichte.

Der am 16. Oktober 1854 – als erstes Kind des tschechischen Theatermalers Johann Wenzel Kautsky und der deutschen Schauspielerin Wilhelmine Eleonore Anna (Minna) – geborene Carolus Johannes Kautsky war in gediegenen Verhältnissen aufgewachsen, zuerst in Prag, ab 1863 dann in Wien. Eine Laufbahn als Gelehrter schien dem etwas kurzsichtigen und deshalb vom Militär freigestellten Studenten der Geschichte, Volkswirtschaftslehre, Geografie, Jurisprudenz und Psychologie vorgezeichnet – ehe er sich in den Sozialismus »verlief«. Als »Halb-Tscheche« war es in Wien Kautsky nicht viel anders als Menschen jüdischer Herkunft ergangen: Diskriminierungen, vor allem der nonverbalen Art – die oft gemeiner als offene Diskriminierungen waren, weil sie sich nicht nachweisen und damit nicht zurückweisen ließen. In der – als einzige politische Richtung – die Gleichheit der Religionen und Nationalitäten postulierenden sozialistischen Arbeiterbewegung glaubte Kautsky, seine Heimat zu finden. Im Januar 1875 trat er, nachdem er eine erste Arbeiterversammlung besucht hatte, der österreichischen Sozialdemokratie bei.

Der aus der Habsburger Monarchie gekommene Karl Kautsky, der sich aus Wien 1890 auch noch die als Jüdin geborene Ehefrau mitgebracht hatte, der historische bzw. Theorieschriften publizierte und über Parteitage hinaus nur selten öffentlich auftrat, hatte es nicht leicht, in der deutschen Sozialdemokratie anerkannt zu werden, zumal er sich mit führenden Vertretern 1891 in der Programm- und 1895 in der Agrarfrage anlegte. Die Delegierungen für die Kongresse der II. Internationale in Zürich (1893), London (1896) und Paris (1900) gingen ihm noch aus der österreichischen Schwesterpartei zu.

Über die verdeckte Fremdenfeindlichkeit in dieser Sozialdemokratie, einer Vereinigung aus unterprivilegierten Handarbeitern und diskriminierten Intellektuellen, vermerkte 1934 Emil Unger, bis 1920 ein prominenter sozialdemokratischer Autor, dann als Herausgeber des Antisemiten-Blattes *Der Deutsche Vorwärts* ein erklärter Gegner jedes Rationalismus sowie Internationalismus, dass ihm nach seiner ersten Versammlung mit einem Referenten jüdischer Herkunft einige Genossen sagten: »Ja, angenehm sind uns die Juden auch nicht, aber wir brauchen sie. Wissen und Kenntnisse bekommen wir nur von ihnen, das christliche Bürgertum kümmert sich um uns Arbeiter nicht, aber die Juden vertreten unsere Interessen. [...] In der Öffentlichkeit mussten [die nichtjüdischen SPD-Funktionäre] mit künstlich gesteigerter Entrüstung gegen die ›Schmach des Jahrhunderts‹, die ›Weltanschauung der dummen Kerle‹, den Antisemitismus wettern. Hinterher spülten sie sich ihr unbehagliches Gefühl mit einige Schnäpsen hinunter.«[14]

Gegenüber dem »Halb-Tschechen« verhielten sie sich kaum anders. Dass Kautsky während des Weltkrieges zwischen alle Fronten geriet und sich rettungslos isolierte, entsprang nicht nur seinen politischen Positionen. Eduard David, SPD-Reichstagsabgeordneter und Mitglied des Fraktionsvorstandes, sah 1915 in allen seinen Kritikern, namentlich Karl Kautsky, »österreichische Juden«.[15]

Die Neue Zeit

Karl Kautskys Weg zum Sozialismus führte ihn quer durch Mittel- und Westeuropa. Seit 1875 verfasste er Beiträge für österreichische und deutsche sozialdemokratische Blätter. Als 1878 in Deutschland das Sozialistengesetz erlassen wurde und in Österreich ohnehin halb-ausnahmegesetzliche Zustände herrschten, verschwanden viele dieser Publikationsmöglichkeiten. Karl Höchberg, ein vermögender, der Sozialdemokratie nahestehender Philanthrop, wurde zu Kautskys erstem Förderer. Dem Hinweis von Wilhelm Liebknecht folgend, einem der beiden Vorsitzenden der deutschen Sozialdemokratie, hatte Höchberg Ende 1879 von Kautsky Beiträge für seine Jahrbücher erbeten und ihm eine gut bezahlte Assistentenstelle angeboten. Kautsky seinerseits suchte dringend einen Job und Mittel zur Finanzierung seiner ersten Monografie: »Der Einfluss der Volksvermehrung auf den Fortschritt der Gesellschaft«, die bald darauf in Wien erschien. Ende Januar 1880 übersiedelte der junge Wiener nach Zürich und trat dort im November 1880 in die Sozialistische Arbeiterpartei Deutschlands ein, Mitgliedsnummer 76 (Mitgliedschaft im Ausland). In deren illegalem Zentralorgan *Der Sozialdemokrat* erschienen von nun an monatlich mindestens zwei Beiträge über Klassenkampf, Freiheit und Gleichheit, Revolution und Sozialismus.

Begeistert war Kautsky von Höchbergs Privatsekretär, dem aus Berlin stammenden Eduard Bernstein. Sie freundeten sich an. Während der stets korrekt gekleidete Kautsky als »Baron« bespöttelt wurde, blieb der Berliner der »liebe Ede«. Der knapp fünf Jahre Ältere war Kautsky in Fragen der Parteiarbeit deutlich überlegen, während Bernstein am Jüngeren dessen umfangreiche Literaturkenntnisse imponierten. Für August Bebel, dem anderen Vorsitzenden der deutschen Sozialdemokratie, waren sie zu dieser Zeit zwei Unzertrennliche. Beim Studieren des engelsschen »Anti-Dühring« stellten sie bald immer mehr Übereinstimmung in Fragen des Sozialismus fest. Erst durch

Karl Kautsky, 1874.

dieses Buch, vermerkte Kautsky, »haben wir das ›Kapital‹ richtig lesen und verstehen gelernt«.[16] Mit anderen Emigranten in Zürich, vorwiegend aus Osteuropa, entwickelten sie sich nach und nach zu streitbaren Marx-Anhängern.

Eine dieser Osteuropäerinnen hieß Milica Ninković, eine Medizinstudentin aus Serbien. Kautsky erinnerte sich noch 50 Jahre später: »Wir jungen Leute, alle schwärmten für sie. Sehr klein. Schmächtig und zart war der Körper, das Gesicht überaus lieblich, besonders die großen Augen, die ebenso viel Tiefsinn wie Melancholie verrieten. Mich besonders fesselte sie. Sie war [...] hochgebildet und voll leidenschaftlicher Hingabe an unsere Sache, für die sie stets alles einzusetzen bereit war.«[17]

Karl Kautsky wollte sie, der Zeit gemäß, heiraten. Nach längerem Zaudern willigte Milica in eine Ehe ein – unter einer Bedingung: keine Kinder. Sie beabsichtigte, in ihrer Heimat nach Volkstümlermanier ins Volk zu gehen und die Bauernschaft aufzuklären. Kautsky vertraute seinen angelesenen Kenntnissen über Verhütungsmittel; die Konsequenzen hatte Milica zu tragen. Um ihre Ausbildung abzuschließen und das Kind zur Welt zu bringen, ging sie nach Paris; er unterstützte sie materiell. Ein letztes Mal sahen sie sich auf seiner Reise zu Marx und Engels – für die Zeit von März bis Juni 1881 hatte ihm Höchberg eine dreimonatige Studienreise nach London finanziert. Im April 1881 beendete Milica die Beziehung. Nach wenigen Wochen entschlief ihr gemeinsamer Sohn, während sie im November 1881 in Kragujevac der Tuberkulose zum Opfer fiel.

Neben dieser persönlichen brach auch eine berufliche Katastrophe aus: Karl Höchberg hatte sich an der Börse verspekuliert; seinen beiden Mitarbeitern konnte er nur noch bis Herbst 1882 Löhne zahlen. Das höchbergsche Jahrbuch wurde eingestellt, auch seine »Staatswirthschaftlichen Abhandlungen« gingen ein. Damit verschwanden im deutschen Sprachraum zwei der letzten sozialistischen Periodika. Bernstein hatte als Chefredakteur des *Sozialdemokrat*, des in der Schweiz erscheinenden und illegal in Deutschland vertriebenen Blattes der deutschen Sozialdemokratie, weiterhin sein Auskommen. Kautsky ging zurück nach Wien.

Da Karl Kautsky eine nachhaltige Erwerbsquelle benötigte, kam ihm hier die Idee, für die sozialistische Bewegung eine neue legale, populärwissenschaftliche Revue ins Leben zu rufen, die im Geiste von Karl Marx wirken sollte. Marx war damals in der europäischen Linken allenfalls ein Gott neben anderen: neben den Russen Michail Bakunin und Nikolai Tschernyschewski, den Franzosen Henri de Saint-Simon, Charles Fourier, Pierre-Joseph Proudhon, Louis-Auguste Blanqui, dem Briten Robert Owen und dem Deutschen Ferdinand Lassalle. Letzter war vor allem in Deutschland viel populärer als Marx. Eine an Marx orientierte Zeitschrift, geschweige denn an Marx orientierte Schule gab es bestenfalls in den Anfängen – auch wenn sich Marx' Alter Ego Friedrich Engels in den ihm nach Marx' Tod im Jahre 1883 verbleibenden zwölf Jahren alle Mühe gab, Marx' Gedankengut zu verbreiten.

Der österreichische Sozialist Dr. Heinrich Braun, mit dem Kautsky 1867 die gleiche Schulklasse besucht hatte, und dessen Schwager, der Arzt Dr. Victor Adler, ein Mitbegründer der österreichischen Sozialdemokratie, unterstützten Kautskys Idee. In der deutschen Arbeiterpartei zeigten sich August Bebel, Wilhelm Liebknecht und Bernstein interessiert. Ende Oktober 1882 trafen sie sich mit dem Stuttgarter Verleger Johann Heinrich Wilhelm Dietz in Salzburg und beschlossen, ab Januar *Die Neue Zeit. Revue des geistigen und öffentlichen Lebens* als Monatsblatt mit 48 Seiten herauszugeben. Die Anschubfinanzierung erfolgte durch einen Gründungsfonds, in den Kautsky 1500 Mark einlegte; er hatte 1879 von seinem Großvater väterlicherseits geerbt. Verlag und Druck übernahm Dietz, Kautsky die Redaktion. Er begann mit einem Monatsgehalt von 250 Mark.

Damit war für Kautsky die materielle Voraussetzung für eine Ehe wieder gegeben. Im Sommer 1882 hatte er eine Liaison mit Ludowika Josefa (Louise) Strasser begonnen, einer österreichischen Sozialistin, geboren 1860 in einer Offiziersfamilie, früh Halbwaise, die sich ihren Lebensunterhalt als Kindermädchen verdiente. Kautsky beendete, wie er verkündete, die Ära seiner Seitensprünge. An Louise schätzte er besonders ihren Ehrgeiz, ihren Stolz, ihr Bestreben, sich aus minderbemittelten Verhältnissen auf medizinischem Gebiet emporzuarbeiten. Am 6. März 1883 wurde in Wien geheiratet, neun Tage später zogen sie wegen der *Neuen Zeit* nach Stuttgart. Hier lernte August Bebel die junge Familie kennen.

Die Anfänge der *Neuen Zeit* gestalteten sich nicht einfach. Es mangelte an Autoren und an akzeptablen Artikeln. Im ersten Jahr meinte Kautsky, ein Viertel der Aufsätze und mehr als die Hälfte der Rezensionen selbst schreiben zu müssen, viele davon gar nicht oder nur mit einem Pseudonym gezeichnet. Die Zahl der Abonnenten stieg nur langsam. Das Defizit war für Dietz zu groß, noch im ersten Jahr kürzte er das Gehalt des Redakteurs auf 150 Mark monatlich. Kautsky musste auf seine letzten Ersparnisse zurückgreifen. Dietz überlegte 1884 sogar, das Salär auf 100 Mark im Monat zu reduzieren oder die Revue gänzlich einzustellen. Energische Proteste von Bebel, Bernstein und Kautsky verhinderten beides. Sie konnten mit der wachsenden Zahl renommierter Autoren aus der nationalen und der internationalen Bewegung argumentieren. Am 23. Oktober 1884 ging ein Manuskript von Friedrich Engels ein, ein Aufmacher, mit dem Kautsky den dritten Jahrgang der *Neuen Zeit* eröffnete. Zweifel aber blieben. Das junge Ehepaar musste weiterhin kalkulieren. Ohne Kinder aber kämen sie wohl schon durch.

Stuttgart war tiefe Provinz. Selbst das Beschaffen wissenschaftlicher Literatur war schwierig, ganz zu schweigen vom kulturellen und politischen Umfeld. Zudem vertrug Louise das Klima nicht. Also wieder in die Schweiz, zumal Kautsky sich eine einträglichere journalistische Betätigung bei bürgerlichen Blättern erhoffte. Einige Wochen später fuhr er abermals nach London, diesmal im Auftrag seines Vaters; er sollte die Absatzmöglichkeiten für ein Panoramabild erkunden. Am 28. November gratulierte Kautsky Friedrich Engels zum 64. Geburtstag, es ging wie immer feuchtfröhlich zu. Weitere Diskussionen ließen Kautsky begreifen, was er wirklich konnte: »Propagierung, Popularisierung und, soweit meine Kräfte reichen, Fortführung der wissenschaftlichen Resultate marxschen Forschens und Denkens.«[18]

Die gemeinsam mit Eduard Bernstein bewerkstelligte Übersetzung von Marxens Buch über das »Elend der Philosophie« aus dem Französischen ins Deutsche, das 1885 bei Dietz erschien, stellte für ihn nicht mehr als eine Abschweifung ins Hochgeistige dar. Kautsky sah in der Ökonomie, in der Produktionsweise die Grundlage, auf der alle sozialen Verhältnisse sich entwickelten. Neben seiner Redakteurstätigkeit wandte sich Kautsky deshalb verstärkt wirtschaftswissenschaftlichen Themen zu. So entstand in Absprache mit Engels, dem »General«, schon bald der Plan einer populärwissenschaftlichen Schrift über das »Kapital« von Karl Marx.

Allerdings missfielen dem Wissenschaftler schon bald die Züricher Gegebenheiten: »Ich bliebe gerne hier mit Rücksicht auf Ede [Bernstein]. Sonst fesselt mich hier aber auch gar nichts. An ein ernstliches Studieren ist hier nicht zu denken und ebenso wenig an eine Gelegenheit, sich eine anständige journalistische Stellung zu erringen.«[19]

In London

Die besten Studien- und besseren Verdienstmöglichkeiten sah Karl Kautsky für sich in London. Mit Ausnahme von Wilhelm Liebknecht, der nach 1848 lange Jahre seines ärmlichen Exils in London verbracht hatte, unterstützten Bebel, Bernstein und Engels diesen Plan. Letzterer wies jedoch darauf hin, dass an der Themse der materiellen Frage ein weit größerer Stellenwert zukomme, zumal für Verheiratete.

Ende November 1884 brachen Louise und Karl ihre Zelte in Zürich ab. In Berlin trafen sie sich mit Bebel und Kautskys Schulfreund Heinrich Braun, der mittlerweile in eine reiche Wiener Fabrikantenfamilie eingeheiratet hatte und in der Spreemetropole lebte. Als ihm Kautsky eröffnete, dass er in London nicht nur wissenschaftlich, sondern auch als Zeitungsartikelschreiber arbeiten müsse, um den Lebensunterhalt zu sichern, widersprach ihm Braun: Diese zwei Tätigkeiten seien nicht miteinander vereinbar. Am 28. Januar teilte Braun mit, dass sein Schwager Heinrich Spiegler ab sofort und zunächst für zwei Jahre monatlich 100 Mark an Kautsky schicken werde.

Den Umzug finanzierte Kautskys Vater. In der Nähe von Engels mieteten sie eine kleine Wohnung und wurden sofort in dessen sonntägliche Tafelrunde einbezogen.

Das Wirken des Forschers Kautsky begann mit einem Problem. In der deutschen Sozialdemokratie wurde in dieser Zeit im Zusammenhang mit der verstärkt einsetzenden Kolonialpolitik des Kaiserreiches der sogenannte Dampfersubventionskonflikt ausgefochten. Die Chefredakteure des *Sozialdemokrat*, Eduard Bernstein, und der *Neuen Zeit*, also Kautsky, lehnten die Zustimmung zu einer Finanzierung von kaiserlichen Dampferlinien nach Fernost ab, während die Mehrheit der sozialdemokratischen Reichstagsabgeordneten sich zunächst dafür aussprach. Unter ihnen befand sich Heinrich Dietz, der nun überlegte, sich für die *Neue Zeit* einen anderen Redakteur zu suchen. Im Sommer 1885 wurde der Konflikt beigelegt, Dietz lenkte ein. Vielleicht hatte er über Bebel die Meinung von Friedrich Engels erfahren, Bernstein und Kautsky seinen »ein paar sehr brave und brauchbare Leute, [...] beide können aufrichtige Kritik vertragen und haben die Hauptsache richtig gefasst und sind zuverlässig. Bei dem schauerlichen Literatennachwuchs, der sich an die Partei hängt, sind so zwei Leute wahre Perlen.«[20]

Als Ende 1885 der von Engels herausgegebene zweite Band des »Kapitals« erschien, verfasste Kautsky eine vierteilige Artikelserie. Verleger Dietz meinte, nunmehr sei eine neue Anleitung zum Studium des »Kapitals« nötig. Kautsky griff auf seine und Engels' Idee von 1883 zurück und legte im Frühsommer ein Manuskript vor. Bernstein ergänzte und kritisierte, Engels korrigierte, Kautsky überarbeitete. Anfang 1887 erschien »Karl Marx' ökonomische Lehren. Gemeinverständlich dargestellt und erläutert von Karl Kautsky«. Dieses Buch war sein erstes als Marx-Propagandist. Es erregte Aufsehen und fand breite Anerkennung. Bis 1914 erschienen in Deutschland 15 Auflagen und im Ausland elf Übersetzungen.

Es folgten jährlich Bücher zu historischen und zu sozialen Fragen, vielfältige Artikel(-serien), zahlreiche Buchbesprechungen. Die meisten davon wurden in der *Neuen Zeit* veröffentlicht. Der Zeitschrift ging es besser. Ab Oktober 1886 hob Dietz

Karl Kautsky, um 1885.

die monatlichen Bezüge für Kautsky auf 200 Mark an. Auch Heinrich Braun bestärkt ihn: »Materielle Rücksichten brauchen Dich jedenfalls nicht mehr zu bestimmen, da Du wohl schon von Heinrich S[piegler] weißt, dass er sein Anerbieten für längere Zeit hinaus erneuert.«[21]

Dennoch musste Kautsky langsam feststellen, dass sein Leben in London trotz Engels und der vorzüglichen Bibliothek im Britischen Museum nicht ohne Nachteile war. Auf die Dauer fehlte ihm die österreichische Alltagskultur: »Ein Wirtshausleben wie bei uns gibt es nicht, Besuche macht man nicht angesichts der großen Entfernungen, in den Versammlungen muss man steif dasitzen, und nach der Versammlung stürzt jeder davon, seinen Zug zu catchen.«[22]

Außerdem waren bereits bestehende Kontakte zu Autoren der *Neuen Zeit* zu festigen sowie Verbindungen zu neu zu gewinnenden Autoren auf dem europäischen Festland anzubahnen, nicht zuletzt zu führenden Sozialdemokraten in der Habsburger wie in der Hohenzollernmonarchie. Und der Ehe mit Louise, in der sich schon seit Längerem Vertrauen und gegenseitige Achtung abnutzten, konnte ein Ortswechsel auch nur guttun. Kautsky plante für den Sommer 1888 eine mehrwöchige Reise aufs Festland, für den nachfolgenden Winter einen erneuten Studienaufenthalt in London und danach die generelle Rückkehr auf den Kontinent.

Alles kam anders. Kautskys Eltern hatten in St. Gilgen am Wolfgangsee ein Haus gekauft, ein Urlaubsdomizil. Während Kautsky dort auf seine Frau wartete, verliebte er sich unsterblich in Isabella Kamberger, die Tochter des Bezirksrichters. Er eilte nach London, um den Mietvertrag aufzulösen und beschloss, sich von Louise scheiden zu lassen. Inzwischen war jedoch sein zehn Jahre jüngerer Bruder Hans Kautsky am Wolfgangsee aufgetaucht, hatte dem Bruder die Freundin ausgespannt und sich nach fünf Tagen mit ihr verlobt. – Kurz darauf heirateten Hans und Isabella, Ende 1898 trennten sie sich, ließen sich aber erst nach dem Ersten Weltkrieg scheiden.

Louise und Karl versuchten in Wien, über Arbeit wieder zueinanderzufinden. Sie begann eine Ausbildung als Hebamme;

er publizierte, nahm Kontakt zur österreichischen Sozialdemokratie auf und arbeitete an der Fertigstellung deren Hainfelder Programms mit. Engels förderte den Versuch, die Ehe beider zu retten, mit dem Vorschlag, Kautsky und Bernstein sollten – unterstützt durch ein jährliches Entgelt von je 50 Pfund, d. h. runden 1000 Mark – Marx-Manuskripte als Buch zum »Kapital« herausgeben, womöglich mit Louises Hilfe. Nur: Das Zusammenleben der Kautskys ließ sich nicht wieder ins Lot bringen. Am 24. Oktober 1889 wurde vom Landgericht Wien ihre einst bürgerlich geschlossene Ehe wegen unüberwindlicher Abneigung der Partner in erster Instanz geschieden.

Zwischenzeitlich war Kautsky einer anderen L(o)uise wiederbegegnet: Luise Ronsperger, geboren 1864 in Wien, Tochter eines Konditormeisters, Absolventin der Höheren Bildungsschule, Jüdin. Sie war nach dem Selbstmord ihres Vaters 1881 von der Verkäuferin in die Rolle der Geschäftsführerin hineingewachsen. 1880 hatte sie den gleichaltrigen Hans Kautsky kennengelernt und war durch ihn in die Familie Kautsky eingeführt worden. Zwischen der Schriftstellerin Minna Kautsky, der Mutter von Karl und Hans, und Luise hatte sich ein freundschaftliches Verhältnis, ein intensiver, auch soziale Fragen umfassender Gedankenaustausch entwickelt. »Ich wurde [...] zu ihrem ›liebsten Kind‹, wie sie mich oft nannte«, vermerkte Luise noch 1929.[23] Minna, der nachgesagt wurde, dass sie Milica abgelehnt und auch die erste Louise nicht so richtig gemocht habe, wies die zweite Luise auf die Schriften ihres Lieblingssohnes hin. Kautsky selbst begegnete Luise das erste Mal im Winter 1883/84, im Frühjahr 1889 funkte es zwischen beiden. Bald sollte geheiratet werden.

Es »war nicht eine sinnliche Liebe zu dem hübschen Mädchen, nicht eine spießbürgerliche Liebe zu dem braven, wirtschaftlichen Mädchen, nein, es war das Entzücken, [...] meine Ideale in Dir wiederzufinden, [...] was Dich zu meinem Leben, meinem Alles machte«,[24] gestand ihr Kautsky im Sommer 1889.

Beide hielten ihr Verhältnis zunächst geheim, was durch Kautskys Studienaufenthalt in London ab Oktober erleichtert wurde. An Heiligabend 1889 erreichte ihn die Nachricht, dass das Scheidungsurteil nach Bestätigung in der zweiten Instanz rechtsgültig sei. Schon am 29. Dezember schickte er Luise einen offiziellen Heiratsantrag. Nun war zwar ihre Familie unterrichtet, und sie wusste auch, dass Kautskys Familie nichts gegen die Heirat mit einer Jüdin einwenden werde; nur war Kautsky in ihren Augen keine »gute Partie«. Es dauerte drei Monate, um die Zustimmung von Mutter und Vormund der Braut in spe zu erwirken. Anfang April 1890 kehrte Kautsky nach Wien zurück. Der Wiener Magistrat bestätigte am 10. April Luises Austritt aus der jüdischen Glaubensgemeinschaft, am 23. April 1890 wurde Hochzeit gehalten, standesamtlich. Kurz danach trat Luise in die SAPD ein. Im Jahr darauf wurde Sohn Felix geboren, ihm folgten 1892 Karl jr. und 1894 Benedikt (Bendel).

Engels missfiel Kautskys Entscheidung; fortan fehlte die Herzlichkeit, erst recht nachdem Kautskys erste Ehefrau bei Engels als Sekretärin und Gesellschafterin eingezogen war und gegen Kautsky intrigierte. – Aber Engels hatte, neben Bernstein, wenigstens einen Nachfolger gefunden.

Das Erfurter Programm

Bei der Reichstagswahl am 20. Februar 1890 war die Sozialdemokratie zur wählerstärksten Partei geworden. Bismarck trat zurück; am 30. September 1890 lief das zeitlich begrenzte Sozialistengesetz in aller Stille aus.

Kautsky, von Dietz nach Stuttgart zurückgeholt, erhielt nun jährlich 3000 Mark, weitere 2000 Mark wurden als Nebeneinnahmen in Aussicht gestellt; spätestens 1896 wurden 5000 Mark als Fixum festgeschrieben. Mit Eduard Bernstein und Franz Mehring standen dem Chefredakteur nunmehr zwei ständige Mitarbeiter zur Seite. Um Kautskys Vorbehalte gegen die Provinzmetropole abzubauen, versprach Dietz, er lasse seine Verbindungen spielen und helfe Kautsky beim Erwerb einer in Deutschland gültigen Staatsbürgerschaft, damit er in den Reichstag gewählt werden und nach Berlin übersiedeln könne. Nach einem Sitz im Parlament verlangte es Kautsky nicht, wohl aber nach der Hauptstadt; doch das sollte dauern.

So wenig vertraut wie die deutsche Sozialdemokratie mit Marx, geschweige denn mit Kautsky war, war Kautsky mit der deutschen Sozialdemokratie. Den Parteitag in Halle im Oktober 1890 hatte er nicht besucht; über die in dessen Umfeld beginnenden Auseinandersetzungen mit den linksradikalen, zum Anarchismus neigenden »Jungen« traute er sich kein Urteil zu. Vielmehr interessierte ihn, dass in Halle nicht nur ein neues Statut und ein geänderter Name – Sozialdemokratische Partei Deutschlands – beschlossen, sondern auch bekräftigt worden war, sich ein neues Parteiprogramm zu geben. Hier war der Marx-Jünger in seinem Element.

In Stuttgart zogen die Kautskys in eine große Parterrewohnung; über ihnen, in der Beletage, lebte der gerade von einer »Studienreise« durch die US-Elektroindustrie zurückgekehrte Robert Bosch, auf dem Sprung, das in Amerika Erschaute auf dem europäischen Markt zu verwerten. Die im J.H.W. Dietz Verlag deutlich schlechter bezahlte Clara Zetkin, revolutionäre Sozialistin und »Frauenrechtlerin« der SPD, lebte im Nachbarhaus, vier Treppen, auf engem Raum mit ihren beiden Söhnen. Clara Zetkins Frauenzeitschrift *Die Gleichheit* »rechnete sich« und erreichte vor dem Weltkrieg 125 000 Abonnements, Kautskys *Neue Zeit* in ihren besten Zeiten hingegen lediglich 10 000. 1917 wurden die beiden, wenn auch sehr unterschiedlichen, so doch erklärten Kriegsgegner von der kriegsbejahenden SPD-Führung aus ihren Ämtern gejagt – aber selbst das erneuerte nicht ihr einstiges Vertrauensverhältnis, das bis 1910 bestanden hatte.

Anfang 1891 begann Kautsky in seiner Zeitschrift die Diskussion um ein neues Parteiprogramm mit der Veröffentlichung der marxschen »Randglossen«, einer massiven Kritik am Gothaer Parteiprogramm von 1875. Einen solch nicht nur wortgewaltigen, sondern vor allem die eigenen Anhänger mit größter Schärfe kritisierenden Marx hatte man bis dahin in Deutschland noch nicht zu lesen bekommen.[25]

Kautskys erster Programmentwurf wurde abgelehnt; der theoretische Teil des zweiten Entwurfs stammte wiederum von ihm, den Abschnitt mit tagespolitischen Forderungen hatte Eduard Bernstein hinzufügt. Dieses Angebot gefiel. Deshalb schlug es Bebel dem im Oktober 1891 in Erfurt stattfindenden Parteitag zur Annahme vor. Bald war nur noch die Rede vom kautskyschen Programm, zumal er den Auftrag erhielt, einen Kommentar zu verfassen. Bereits im Sommer 1892 erschien: »Das Erfurter Programm. In seinem grundsätzlichen Teil erläutert von Karl Kautsky«, ein Buch mit 262 Druckseiten.

Neben seinem Einführungsbuch ins ökonomische Werk von Marx wurde »Das Erfurter Programm« nicht nur Kautskys wichtigstes, sondern auch sein einflussreichstes Buch. Es bildet eine Art Katechismus des Marxismus für die Zeit vor dem Ersten Weltkrieg. Mit dem Erfurter Programm rückte Kautsky – wenn auch deutlich hinter Engels – in die erste Reihe der Marxisten auf. War Engels Marx' Botschafter auf Erden, so war es Kautsky endgültig unter den Deutschen. Und mehr noch: Von nun an galt er auch in der internationalen Sozialdemokratie als Schwergewicht. Besonders für Vertreter aus Ost- und Südosteuropa wurde Kautsky zum Orientierungs- und Anlaufpunkt, das Erfurter Programm zum Vorbild. Marx wurde durch Kautskys Brille gelesen und so der Trierer über seinen Namen hinaus bekannt. Engels gratulierte Kautsky zur »Programmbroschürenschwergeburt. Das Kind wird schon seinen Weg in der Welt machen«.[26] Bis 1914 erschienen zwölf Auflagen in Deutsch und 16 Übersetzungen.

Abschied von der Barrikade

Für Kautsky bestand der Grundwiderspruch des Kapitalismus zwischen dem gesellschaftlichen Charakter der (Industrie-)Produktion und der privaten Aneignung der Produktionsmittel wie der Produkte. Daraus resultierte für ihn der Klassenkampf, die kontinuierliche, naturnotwendige Zuspitzung der sozialen Gegensätze bis hin zum Zusammenbruch des Kapitalismus. Die Masse der Bevölkerung würde vor die Alternative gestellt: soziale Revolution und durch Vergesellschaftung der Produktionsmittel Überwindung der unerträglichen Zustände oder Verschärfung der Ausbeutung sowie wachsende Verelendung des Volkes. Allerdings bestand diese Alternative für Kautsky nur rein theoretisch. Angesichts der weiteren Industrialisierung und des Erstarkens der internationalen Arbeiterbewegung glaubte er – quasi alternativlos – an eine Entwicklung in Richtung sozialistische Umwälzung.

Diese könne, so schrieb er 1889 seiner künftigen Frau, nur von einem Ereignis unterbrochen werden, nämlich von einem Weltkrieg, »der Europa in eine Einöde verwandelt, wie sie Deutschland nach dem Dreißigjährigen Krieg gewesen. [...] Ein Weltkrieg heute bedeutet den Untergang Europas und die Weltherrschaft Amerikas.«[27]

Den ersten Schritt am Beginn der sozialen Revolution bilde, so Kautsky – auch hier dicht bei Marx –, die politische Revolution, d. h. die Eroberung der politischen Macht durch das Proletariat. Um für diese Entscheidungssituation gewappnet zu sein, formierten sich dessen fortgeschrittenen, bewussten Kräfte zur politischen Partei, zur Sozialdemokratie.

Wie sollte sie nun aussehen, die durch das Proletariat zu schaffende neue politische Zentralmacht, und worin vor allem bestand die Aufgabe der sozialdemokratischen Partei? Im Erfurter Programm selbst war der Begriff »demokratische Republik« vermieden worden. In seinem Buch zum Erfurter Programm stellte Kautsky hingegen klar, dass die demokratische Republik das Ziel der politischen Machteroberung darstelle. Ob dabei nach dem Vorbild der Engländer eine konstitutionelle Monarchie oder nach US-amerikanischem bzw. französischem Beispiel eine »reine« Republik entstehe, sei ziemlich gleichgültig.

Kautsky äußerte sich nur allgemein über die Kampfmittel der Arbeiterklasse.

Die Sozialdemokratie strebe nach einer »Kräftigung des Parlaments gegenüber der Staatsverwaltung«, für sie bilde »neben dem Koalitionsrecht und der Pressfreiheit [...] das allgemeine Stimmrecht eine Lebensbedingung für die gedeihliche Entwicklung des Proletariats«.[28] Die Auseinandersetzungen mit dem Klassengegner werden auf die »demokratisch-proletarische«, die »sogenannte friedliche Methode des Klassenkampfes« eingegrenzt, »die sich auf die unmilitärischen

Mittel Parlamentarismus, Strikes, Demonstrationen, Presse und ähnliche Pressionsmittel« beschränkt.[29]

Dem Barrikadenkampf hatte schon Engels Valet gesagt: »1848 der glatte Perkussions-Vorderlader, heute der kleinkalibrige Magazin-Hinterlader, der viermal so weit, zehnmal so genau und zehnmal so rasch schießt wie jener. [...] Aufseiten des Insurgenten dagegen sind alle Bedingungen schlechter geworden. [...] Und endlich sind die seit 1848 neugebauten Viertel der großen Städte, in langen, graden, breiten Straßen angelegt, wie gemacht für die Wirkung der neuen Geschütze und Gewehre. Der Revolutionär müsste verrückt sein, der sich die neuen Arbeiterdistrikte im Norden und Osten von Berlin zu einem Barrikadenkampf selbst aussuchte. [...] Ein künftiger Straßenkampf kann also nur siegen, wenn diese Ungunst der Lage durch andere Momente aufgewogen wird. Er wird daher seltener im Anfang einer großen Revolution vorkommen als im weiteren Verlauf einer solchen und wird mit größeren Kräften unternommen werden müssen. [...]«[30]

Das wurde Kautskys Credo: Nicht Straßenschlacht, sondern Entscheidungsschlacht, nötigenfalls auch mit gewaltsamen Mitteln. Zur Vorbereitung auf diese große Schlacht gelte es, das Proletariat aufzuklären, es klar vom Bürgertum abzugrenzen, es zu gewinnen, zu organisieren und zu schulen, national wie international. Darin bestehe die erste, wesentliche Aufgabe der Arbeiterpartei. Indem die Sozialdemokratie die Arbeitermassen auf diese Weise auf den das gegenwärtige System überwindenden Umsturz vorbereitet, sei sie zwar eine revolutionäre, nicht aber eine Revolution machende Partei.

Um das kriminalisierte Wort Revolution, gar Weltrevolution zu vermeiden und so eine zusätzliche Verfolgung der Sozialdemokratie zu umgehen, hatte es sich unter den Revolutionären, auch unter den vermeintlichen, eingebürgert, in die Sklavensprache auszuweichen und vom »großen Kladderadatsch« zu sprechen. Auf die Frage, wann diese Weltrevolution, der große Kladderadatsch, einsetze, wurde in führenden Sozialistenkreisen zu Beginn der 1890er-Jahre öfter auf das Ende des 19. Jahrhunderts verwiesen. Kautsky war da vorsichtiger. Die Revolution könne schon im nächsten Frühjahr kommen, aber ebenso gut erst in 20 Jahren, meinte er im Sommer 1891. Ein Jahr später bekräftigte er: »Unsere Agitation muss auf eine lange Dauer berechnet sein, wir müssen uns so einrichten, dass wir unseren Kampf jahrzehntelang führen können; dazu ist es notwendig, dass die Vorkämpfer eine geregelte bürgerliche Existenz haben.«

Um seinem Anspruch als Wissenschaftler zu genügen, der alle Eventualitäten einkalkuliert, fügte er hinzu: »Es gibt natürlich auch Situationen, wo man seine Existenz in die Schanze schlagen muss. Aber eine solche Situation ist jetzt nicht vorhanden und soweit menschliche Voraussicht reicht, in nächster Zeit nicht zu erwarten.«[31]

Untiefen der Legalität

Kautskys »Pressionsmittel« umfassten Zeitschriften sowie Bücher und Broschüren. Er wollte seine Leser im revolutionären Sinne, also im Geiste von Marx, aufklären und neue Anhänger gewinnen; direkt durch das Ausbreiten sozialdemokratischer Grundsätze oder indirekt mittels zugespitzter Polemik. In der *Neuen Zeit* schrieb Kautsky jetzt vor allem über die großen programmatischen Fragen. Vorwiegend in Briefen erörterte er aber auch Probleme neuer Aktionsmöglichkeiten der Arbeiterklasse. In Abgrenzung von anarchistischen Auffassungen sprach er sich für den Massenstreik aus, der unter bestimmten Umständen eine wirksame Waffe nicht nur im ökonomischen, sondern auch im politischen Kampf sein könne. Er nahm 1893 am Kongress der II. Internationale in Zürich teil, wurde in die Kommission »Weltstreik« gewählt und brachte hier eine entsprechende Resolution ein. Für das Kongressplenum reichte die Zeit nicht aus, um darüber zu diskutieren. Mit Bernstein eruierte er zur gleichen Zeit die Frage der Beteiligung an den Landtagswahlen in Preußen. Hier galt das undemokratische Dreiklassenwahlrecht; die trotzdem bestehende Agitationsmöglichkeit lehnte die Mehrheit der SPD noch ab aus Furcht vor dabei entstehenden Kompromissen mit bürgerlichen Parteien und der damit einhergehenden Gefährdung ihrer politischen Selbstständigkeit. Einen Beitrag für die Wahlbeteiligung publiziert Bernstein in der *Neuen Zeit*, mit dem der »Baron« völlig einverstanden war. Er selbst hatte dazu nichts veröffentlicht, denn »als Nichtpreuße traute ich mir selbst nicht recht angesichts der Einstimmigkeit in unserer Partei«.[32] Aber immerhin. Der »Theoretiker« beteiligte sich, wenn auch öffentlich bislang noch nicht vernehmbar, an Diskussionen um praktische sozialdemokratische Aktionen. Und er meinte sogar, in Österreich direkt in die Politik eingreifen zu müssen.

Am 10. Oktober 1893 legte Ministerpräsident Graf Eduard von Taaffe mitten in die Wahlrechtsbewegung der österreichischen Sozialdemokratie hinein einen Antrag zur Wahlreform in Richtung allgemeines Wahlrecht vor. Kautsky war begeistert. Er sagte zu Luise: »Packen wir zusammen, jetzt müssen wir nach Österreich.« Als potenzieller Abgeordneter tauge er zwar nicht, aber die Losung laute »Alle Mann an Bord«, also könne man ihn schon brauchen. Die Existenzfrage bereite keine Schwierigkeiten, nur dürfe er die Redaktion der *Neuen Zeit* nicht so einfach aufgeben. »Sie ist einmal das Zentralorgan des Marxismus, und sie soll es bleiben. Ich lasse sie auf keinen Fall im Stich ...«[33]

Die Suche nach einem passenden *Neue Zeit*-Nachfolger brachte keinen Erfolg, Taaffe trat am 11. November zurück, die Wahlrechtsbewegung ebbte ab, die Kautskys blieben in Stuttgart.

Seit Ende 1892 wuchs in der SPD-Führung die Unzufriedenheit mit der finanziellen wie mit der inhaltlichen Entwicklung der wöchentlich erscheinenden *Neuen Zeit*. Für Kautsky und seine Familie begann eine mindestens vier Jahre lang währende Phase der Unsicherheit. Als im Oktober 1893 der SPD-Parteitag in Köln beschloss, ein Wochenblatt, den *Sozialdemokrat*, als offizielles, weniger theoretisch und mehr politisch geprägtes Parteiorgan, herauszugeben, machten sich Überlegungen breit, die *Neue Zeit* könnte ja wieder zu einer theoretischen Monatsschrift werden.

Kautsky stand dem zuerst einmal nicht ablehnend gegenüber. Bernstein wisse nicht, offenbarte er dem Freund, wie sehr er die Redaktion hasse, weil sie ihn am Schreiben hindere. Auch wollte er wieder von Stuttgart weg. Er schmiedete viele

Pläne, die er von Berlin oder Wien oder von England aus verwirklichen wollte. Als ideal kristallisierte sich erneut die britische Metropole heraus: Redaktion einer monatlichen *Neuen Zeit*, Edition des 4. Buches zum marxschen »Kapital«, Verfassen wissenschaftlicher Werke in Artikel- und Buchform. Friedrich Engels' Tod am 5. August 1895 berührte Kautsky stark. Er fuhr nach London zur Trauerfeier. Fortan fehlte ihm der freundschaftliche Ratschlag des »Generals«.

Für London setzten sich die Kautskys ein monatliches Limit von wenigstens 500 Mark. Woher die aber nehmen? Maximal 200 Mark kämen von Dietz für die Redaktion der Monatszeitschrift. Als ständigem Londoner Korrespondenten für die Wiener *Arbeiter-Zeitung*, dem noch nicht so stabilen Organ der österreichischen Sozialdemokratie, könnten ihm 100 Mark in Aussicht gestellt werden. Wann und wie viel das 4. Kapital-Buch abwarf, blieb unklar. Es mussten Honorare fließen, eventuell auch für Artikel in bürgerlichen Blättern. Und es gab ja noch die elterliche Familie.

Kautskys Vater hatte sich um 1892/93 aus seinem Geschäft zurückgezogen. Dieses ging über in »Brüder Kautsky & Rottonara. Hof-Theatermaler. Wien«. Die Firma seines Vaters hatte schon seit längerer Zeit mehrere Aufträge aus England. Die neuen Chefs trugen sich mit dem Gedanken, dort eine Filiale zu eröffnen. Karl fragte im Februar 1896, ob ihm nicht eine feste Monatsgage ausgesetzt werden könne, wenn er Arbeit für die Hof-Theatermaler in London akquiriere. Bruder Hans antwortete, das sei unmöglich, bestenfalls springe ein Privatkredit heraus. Kurz darauf, Anfang September, starb Vater Johann Kautsky. Karls Erbe, runde 25 000 Mark minus Erbschaftssteuer, wäre durch die Kosten für den Umzug sowie für Wohnungssuche und -einrichtung in den ersten 24 Monaten verzehrt. Lakonisch vermerkte er: »Im schlimmsten Fall gehn meine Ersparnisse flöten – zum Kapitalisten bringe ich's doch nicht. So lang ich arbeitsfähig bin, hab ich auch kein Bedürfnis danach.«[34]

Mittlerweile war der wöchentliche *Sozialdemokrat* wieder eingegangen. Eine vorwiegend theoretische Monatsschrift, *Der sozialistische Akademiker* (ab 1897 *Sozialistische Monatshefte*), erschien seit Januar 1895. Unter diesen Umständen fiel im Januar 1897 die endgültige Entscheidung: Die *Neue Zeit* blieb Wochenschrift. Mit dem 1. Juni 1897 ging sie in den Besitz einer GmbH über, deren Gesellschafter neben Dietz als Geschäftsführer mit August Bebel und Paul Singer die beiden SPD-Vorsitzenden waren. Kautsky verstand »seine« Zeitschrift bald als das zweite Zentralorgan der deutschen Sozialdemokratie. Sie sollte nunmehr von Berlin aus redigiert werden. Die Kautskys organisierten für den Herbst den Umzug zu den Preußen.

Einem Rat von August Bebel und Eduard Bernstein folgend, beantragte Kautsky in Stuttgart noch die württembergische Staatsangehörigkeit, um Ausweisungen eines Österreichers aus Preußen-Deutschland zu verhindern. Die Behörden erkundigen sich in Wien und in Prag. Dort lag nichts Negatives gegen ihn vor. Dennoch wurde ihm Ende September 1897 mitgeteilt, dass sein Ersuchen abgelehnt werden müsse.

In der SPD selbst fand Kautsky in dieser Zeit – zumindest über das Erfurter Programm hinaus – noch nicht viel Anerkennung. Er sah, dass das, was in der *Neuen Zeit* veröffentlicht wurde, in der Partei nur wenig Beachtung fand. Zum *Vorwärts*, dem SPD-Zentralorgan, hatte er keinen Draht, und vom Parteivorstand bekam er kaum Unterstützung. Den Londoner Kongress der II. Internationale besuchte er mit einem Mandat der österreichischen Sozialdemokratie.

Ohnehin wurden er und Bernstein als die »Herren am Studiertisch«, als die für die Bibelauslegung verantwortlichen »Kirchenväter«, als »Prinzipienwächter« oder auch als »Großinquisitoren« hingestellt. »Wozu noch versuchen«, fragte Kautsky, »in die deutschen Parteiverhältnisse aktiv einzugreifen?«[35] Schreiben wir lieber Bücher. Viel nahm er sich mit der Entzifferung der Manuskripte von Marx zum »Kapital« vor. Nach dem Tod von Friedrich Engels war das marxsche Erbe an dessen Töchter Laura Lafargue und Eleanor Marx-Aveling übergegangen, die Kautsky mit der Herausgabe beauftragten.

Kautsky wusste, dass er nicht die gesamte Breite der marxistischen Theorie beherrschte. Die Philosophie gehörte nicht zu seinen Stärken. Für ihn war nach dem Tod von Engels Georgi

Plechanow der Philosoph unter den Marxisten. Und Kautsky war sich auch bewusst, dass er sich als Redakteur der *Neuen Zeit* nicht nur mit Fragen des Klassenkampfes allgemein zu befassen, sondern auch konkrete Schlussfolgerungen für die Praxis zu unterbreiten hatte. Er erkannte mehrere Kritikpunkte und versuchte, der überzogenen Orientierung der SPD auf den Parlamentarismus entgegentreten.

Streit der »Kirchenväter«

Von der Übersiedlung in die Reichsmetropole erhoffte sich Kautsky nicht nur für seine Studien, sondern auch für seine Ambitionen in der Politik eine bessere Situation. In Friedenau wurde eine hübsche Wohnung gefunden; am 13. Juli 1897 meldete er sich polizeilich an, der Umzug erfolgte im Oktober. Einige Jahre später wurde für 1220 Mark p. a. Wohnung in Friedenau, Saarstraße 19, 3. Obergeschoss, gemietet. Sie umfasste ein Entree, fünf Stuben, eine Kammer, eine Küche, einen Keller und eine Bodenkammer; Mitbenutzung des Waschhauses und des Trockenbodens waren inbegriffen. Da die kautskysche Behausung zugleich als Redaktion der *Neuen Zeit* diente, beteiligte sich die SPD an diesen Kosten.

Viele der bessergestellten (Neu-)Berliner zogen in den Südwesten, in die noch nicht eingemeindeten Vororte. Die Kautskys knüpften Kontakte, etwa zu den Mehrings, zu den Bebels oder den Liebknechts. Als Rosa Luxemburg im Mai 1898 nach Berlin und dort im August 1899 nach Friedenau in die Wilhelm-Hauff-Straße zog, begann eine tiefe Vertrautheit zwischen ihr und Luise, während hingegen Kautsky seine »persönliche Freundschaft zu Rosa [Luxemburg] und Franz [Mehring]« noch 1904 als »eine sehr laue« bezeichnete.[36] Unter all seinen Freunden stand ihm Victor Adler am nächsten, näher noch als August Bebel. Was aber war mit Ede?

Die deutschen Behörden verfolgten Eduard Bernstein wegen seiner Tätigkeit während des Sozialistengesetzes als Redakteur des *Sozialdemokrat* immer noch steckbrieflich. Deshalb lebte er weiterhin in London von den Produkten seiner Feder, unter anderem als ständiger Mitarbeiter der *Neuen*

Zeit. Der für das Ende des 19. Jahrhunderts erwartete Kladderadatsch fand nicht statt. Trotz der Dreyfus-Affäre[37] in Frankreich und mehrerer anarchistischer Attentate[38] blieb die innenpolitische Lage weitgehend stabil. Dazu bei trug der konjunkturelle Aufschwung in Industrie und Landwirtschaft, verbunden mit spürbaren sozialen Verbesserungen für die Arbeitenden. Die mit dem Übergang zur imperialistischen »Weltpolitik« verbundenen kriegerischen Auseinandersetzungen zeigten jedoch, dass sie nach wie vor zu den »normalen« Praktiken der Herrschenden zählten, auch wenn sie zu dieser Zeit außerhalb Europas stattfanden.

Vor diesem Hintergrund schrieb Eduard Bernstein ab September 1896 seine Überlegungen in der mehrteiligen Artikelserie »Probleme des Sozialismus. Eigenes und Übersetztes« nieder. Im Januar 1898 formulierte er in direkter Gegenüberstellung zu der von ihm so bezeichneten »Zusammenbruchtheorie« den bekannten Satz, wonach ihm das sozialistische Endziel gar nichts, die soziale Bewegung hingegen alles sei.

Er schlussfolgerte: Die Sozialdemokratie habe »den baldigen Zusammenbruch des bestehenden Wirtschaftssystems [...] weder zu gewärtigen noch zu wünschen. Was sie zu tun und noch auf lange hinaus zu tun hat ist, die Arbeiterklasse politisch zu organisieren und zur Demokratie auszubilden und für alle Reformen im Staate zu kämpfen, welche geeignet sind, die Arbeiterklasse zu heben und das Staatswesen im Sinne der Demokratie umzugestalten.«[39]

Diese Anschauungen zeigten einen weiten Blick Eduard Bernsteins. Sie wirkten auf intellektuelle Kreise der Sozialdemokratie und bürgerlicher Parteien wie eine Sensation, denn: Einer der beiden »Kirchenväter« entsagte grundsätzlich dem Marxismus und vor allem der Revolutionsauffassung. Das bedeutete Revision der Grundsätze; sie wurde von Eduard Bernstein bewusst vollzogen.

Kautsky ging bis zu diesem Endziel-Artikel von kleineren theoretischen Differenzen zwischen beiden aus. Ab Februar 1898 wurden lange Briefe gewechselt, in denen der Berliner den neuen Meinungen des Londoners vernehmlich widersprach. Beide stimmten in der Einschätzung der aktuellen Situation überein. Bernstein leitete aus ihr jedoch ab, dass sich für das Proletariat die politische Revolution erübrigt habe. Für Kautsky war das eine Variante, die eventuell in England realisiert werden konnte. Für den europäischen Kontinent hielt er eine solche Entwicklung allerdings für total ausgeschlossen. Ernüchtert konstatierte er im Sommer 1898, dass ihre Standpunkte nicht mehr miteinander zu vereinbaren seien; er befürchtete, es werde auf Dauer nicht funktionieren, dass er und Bernstein zusammenarbeiten.

Bislang vollzog sich die Diskussion zwischen Kautsky und Bernstein hinter den Kulissen. Wohl wurden gegen den Endziel-Leugner Bernstein ab Februar 1898 von Alexander Helphand (Parvus), Rosa Luxemburg, Georgi Plechanow und Clara Zetkin Artikel veröffentlicht; der Schriftleiter der *Neuen Zeit* schwieg in der Öffentlichkeit aber.

Auf dem nächsten Parteitag, der vom 3. bis 8. Oktober 1898 in Stuttgart stattfand, war zu dieser Kontroverse kein spezieller Tagesordnungspunkt vorgesehen. Kautsky fragte bei Bebel an, ob er teilnehmen solle. Der Parteivorsitzenden Bebel meinte, es sei immer gut, wenn der Redakteur des theoretischen Organs der SPD die Parteitage besuche. Bereits in der Diskussion zum Geschäftsbericht des Vorstandes sah sich Kautsky genötigt, das Wort zu ergreifen, um die Haltung »seiner« Zeitschrift zu den bernsteinschen »Problem«-Artikeln zu rechtfertigen. Nach einigen Bemerkungen über die Schwierigkeit der Redaktion und den Umstand, dass er sich mit Bernstein schon 18 Jahre lang in innigster Kampfgemeinschaft befinde, distanzierte er sich deutlich von dem von Bernstein vorgeschlagenen demokratisch-reformerisch-friedlichen Weg zum Sozialismus. Er erntete stürmischen Beifall. »Wer hätte das je gedacht«, fragte er selbstgefällig seine Frau, »dass ich auf einem Parteitag den Ausschlag gegen Ede geben würde!«[40]

Nach dem Kongress wurde der Ton zwischen beiden rauer. Bernstein warf Kautsky Voreingenommenheit vor. Er antwortete in einem Brief, den Bebel billigte und der in langen Auszügen auch an Victor Adler ging: »So schmerzlich es ist, wir müssen es uns gestehn: Unser sachliches Zusammenwirken ist dahin, [...] unsere Kampfgenossenschaft ist dahin. Ich kann Dir nicht folgen, und meine Überzeugung ist ebenso tief und fest als die Deine. Leb wohl, dear old boy, es ist ein trübseliger Brief.«[41] – Ein Parteiausschluss stand aber nicht zur Debatte. Der freiwillige Austritt Bernsteins käme allen zupass.

Ansonsten wurde Waffenstillstand vereinbart. Bernstein sollte seinen Standpunkt in Buchform verdeutlichen. Bis zu dessen Erscheinen unterband Kautsky jede Polemik. Anfang März erschien die Zusammenfassung der neuen Ideen und Auffassungen Bernsteins unter dem Titel »Die Voraussetzungen des Sozialismus und die Aufgaben der Sozialdemokratie«. Eine umfassende Debatte begann. Kautsky fühlte sich als Parteiprogrammatiker provoziert und wollte sich nicht in die zweite Reihe drängen lassen. Deshalb verfasste er umgehend für den *Vorwärts* wie für die *Neue Zeit* längere Rezensionen. Die erste Anti-Bernstein-Monografie legte im April 1899 Rosa Luxemburg unter dem programmatischen Titel »Sozialreform oder Revolution« vor, ein Sonderdruck ihrer Artikelfolgen in der *Leipziger Volkszeitung*. Von seinem Freund Julius Motteler darauf aufmerksam gemacht, fühlte sich Kautsky in seinem ins Auge gefassten Vorhaben erst recht bekräftigt, diesem Thema ebenfalls ein geschlossenes Werk zu widmen. Rechtzeitig vor dem nächsten Parteitag lag im September 1899 »Bernstein und das sozialdemokratische Programm. Eine Antikritik« vor.

In der *Neuen Zeit* verlor Bernstein sein literarisches Hinterland. Kautsky nahm sein Recht in Anspruch, Beiträge zurückzuweisen, die er für schädlich hielt. Er wollte, dass der »Revisionistenchef« als Mitarbeiter freiwillig ausscheide, ohne Bernsteins materielle Existenz zu gefährden. Am 26. Juli 1899 meinte Bernstein gegenüber Kautsky feststellen zu müssen, dass das der Kündigung ihrer persönlichen Freundschaft gleichkäme. Kautsky antwortete selbstkritisch: »Mein Fehler war der, dass ich damals [Anfang 1898] nicht so weit sah wie Parvus und Luxemburg, die damals schon den Gedankengang Deiner Broschüre witterten, während dem ich immer noch Deinen Sätzen die möglichst harmlose Deutung gab und nur mit

Widerstreben zur Überzeugung gelangte, dass Du aufgehört, Marxist zu sein.«[42]

Eine allgemeine Klärung wurde vom anstehenden Parteikongress erhofft. Schon im Vorfeld der Stuttgarter Parteitagung hatten sich Bebel und Kautsky abgestimmt. Ab Spätsommer 1899 arbeiteten sie zusammen, um den Parteikongress in Hannover vorzubereiten. Bebel riet Kautsky, sich auf alle Fälle an der Debatte zu beteiligen. Nach Engels' Tod fand Kautsky in dem 14 Jahre älteren Parteivorsitzenden August Bebel wieder einen Orientierungspunkt, einen Ratgeber für die praktische Politik.

Der Parteitag trat am 9. Oktober 1899 zusammen. Tagesordnungspunkt 1: »Die Angriffe auf die Grundanschauungen und die taktische Stellungnahme der Partei«. Nach einem sechsstündigen Referat von Bebel, nahmen 30 Diskussionsredner das Wort. Als zwölfter trug der *Neue Zeit*-Redakteur dazu bei, dass die Diskussion zu Ende komme, da sie nichts Neues mehr zu Tage fördere. Beschlossen wurde mit 216 gegen 21 Stimmen: »Nach all diesem liegt für die Partei kein Grund vor, weder ihre Grundsätze und ihre Grundforderungen noch ihre Taktik, noch ihren Namen zu ändern, d. h. aus der sozialdemokratischen Partei eine demokratisch-sozialistische Reformpartei zu werden.«[43]

Die Auseinandersetzungen um die Revisionismustheorie ebbten in den folgenden vier Jahren etwas ab. Bernstein erklärte Ende April 1900 seinen Austritt aus der *Neuen Zeit*. Seine literarische Heimat fand er in den *Sozialistischen Monatsheften*, im gleichnamigen Verlag und im Akademischen Verlag Dr. John Edelmann. Anfang 1901 durfte er nach Deutschland zurückkehren und wohnte in Lichterfelde bei Berlin. Auf dem in diesem Jahr in Lübeck abgehaltenen Parteitag reichten sich Kautsky und Bernstein trotz unterschiedlicher Standpunkte die Hand.

Regierungsbeteiligung

War Kautsky schon über die Grenzen des Deutschen Reiches hinaus durch seine theorielastigen Bücher über die marxsche Ökonomie und zum Erfurter Programm bekannt geworden, so wuchs sein Ansehen in der internationalen Arbeiterbewegung durch seine Schriften gegen Bernstein und über die Agrarfrage weiter. Daneben machte er sich – ungewollt – Ende des 19. Jahrhunderts mit einem Vorschlag für die Lösung eines durchaus praktischen Problems einen Namen: Beim großen Nachbarn im Westen schlugen mit der Dreyfus-Affäre und dem Fall Millerand 1898/99 die Wellen hoch. Frankreichs sozialistische Parteien und Gruppen, wenigstens fünf an der Zahl, konnten sich nicht einigen und starteten deshalb eine internationale Umfrage. Der 1900 in Paris tagende Kongress der II. Internationale erhielt einen zusätzlichen Tagesordnungspunkt. Es sollte entschieden werden, ob ein Sozialist für den antisemitisch verfolgten Generalstabsoffizier Alfred Dreyfus und damit für die bürgerliche Demokratie eintreten solle – der Reformist Jean Jaurès und seine Anhänger engagierten sich hier sehr, während die revolutionären Organisationen um Jules Guesde, Paul Lafargue und Édouard Vaillant das weitgehend ignorierten. Außerdem sollte entschieden werden, ob der unabhängige Sozialist Alexandre Millerand in dieser komplizierten Situation als Minister in die Regierung Waldeck-Rousseau eintreten dürfe – die Jaurèsisten unterstützten diesen Schritt, während die Guesdisten ihn heftig kritisierten.

Eigentlich mochte Kautsky sich nicht öffentlich in diesen Streit einmischen. Als aber Jaurès Auszüge aus einem seiner Briefe an ihn publizierte, nahm er im SPD-Zentralorgan Stellung. Er unterstützte den demokratischen Kampf von Jaurès, von der sozialistischen Ministerschaft aber distanziert er sich. Seine Losung für die Arbeiterparteien lautet: »Das Ministerium [Waldeck-Rousseau] gegenüber den Generalstäblern und ihren Verbündeten unterstützen, es vorantreiben, wenn es zaudert und zagt, aber ihr Pulver trocken halten und ihre Kraft und ihren Einfluss auf die Massen nicht vorzeitig abnutzen durch den Schein der Macht, hinter dem sich wirkliche Ohnmacht verbirgt.«[44]

Auf dem Programm des Internationalen Sozialistenkongresses vom 23. bis 27. September 1900 in Paris stand als Punkt neun das gleiche Problem, aber allgemein, nicht konkret auf

Millerand bezogen: die Eroberung der staatlichen Macht und die Bündnisse mit bürgerlichen Parteien. Kautsky wurde als österreichischer Delegierter in die entsprechende Kongresskommission gewählt. Sein Beschlussentwurf – Regierungseintritt eines Sozialisten nur als ausnahmsweiser Notbehelf – fand Billigung in der Kommission und mit 29 gegen neun Stimmen im Plenum. In der Diskussion wurde dieser Beschluss, anders als von Kautsky beabsichtigt, ob seiner Vieldeutigkeit überwiegend im Sinne der Reformisten interpretiert und von den Revolutionären insgesamt als »Kautschukresolution« abqualifiziert.

Es sprach für Kautsky, dass er sich wie schon nach 1895 in der Agrar- oder der nationalen Frage so auch jetzt nicht rundum glücklich fühlte.

Massenstreik nur im Entscheidungskampf

Aus Paris nach Deutschland zurückgekehrt, wollte sich Kautsky weiterhin mit den großen politisch-theoretischen Problemen beschäftigen. Die institutionellen Voraussetzungen dafür verbesserten sich. Die *Neue Zeit* ging zum 1. April 1901 vollständig in Parteieigentum über. Der Untertitel lautete jetzt: »Wochenschrift der deutschen Sozialdemokratie«, ihr Chefredakteur wurde Parteiarbeiter. Sein Gehalt blieb mit den jährlichen 5000 Mark das gleiche. Für die Teilnahme an Parteitagen durfte er nun dem Vorstand pro Tag zwölf Mark Diäten und das Fahrgeld in Rechnung stellen. Im Januar 1902 erhielt die Zeitschrift mit Emanuel Wurm einen weiteren fest angestellten Redakteur. Von jetzt an tauchte in den Berichten an die Parteitage auch die Parteizeitschrift auf; Kautsky musste, wie auf dem 1902 in München, Rede und Antwort stehen.

Über die Frage der »sozialen Umwälzung« dachte Kautsky schon längere Zeit nach, spätestens seit 1896. Ende April 1902 hielt er in Amsterdam und Delft Vorträge, die im gleichen Jahr in der Broschüre »Die soziale Revolution« erschienen, unterteilt in »Sozialreform und soziale Revolution« sowie »Am Tage nach der Revolution«. Zwei Jahre später ließ er in seiner Zeitschrift den fünfteiligen Artikel »Allerhand Revolutionäres«

folgen. In einigen Punkten konkretisierte Kautsky, die Erfahrungen der vergangenen zehn Jahre analysierend, seine Ansichten. Zum einen sah er es nirgendwo, auch nicht mehr in England, als möglich an, die Revolution auf friedlichem Wege durchzuführen, denn: »Weder die ökonomische noch die politische Entwicklung deutet darauf hin, dass die Ära der Revolutionen, welche die kapitalistische Produktionsweise kennzeichnet, abgeschlossen sei.«[45]

Insofern gehörten Krisen, Kriege und andere Katastrophen ganz normal zur weiteren gesellschaftlichen Entwicklung. Für denjenigen, der von vorneherein auf revolutionäre Gewaltanwendung zur Abwehr gegnerischer Angriffe verzichte, bliebe nichts weiter übrig als parlamentarischer Kretinismus. Als die revolutionärste Waffe, über die das Proletariat verfüge, identifizierte Kautsky den politischen Massenstreik. Bewaffnete Aufstände und Barrikadenkämpfe wie 1848 oder 1871 taugten hingegen nicht mehr. Der Aufstieg des Proletariats gleiche mehr den Reformationskämpfen als den französischen Revolutionen – eine Auffassung, die Kautsky kurz darauf während der Revolution in Russland überdenken sollte. Zum Massenstreik meinte er, dass er sich im demokratischen Ringen, etwa in Wahlrechtskämpfen, nicht eigne – anders als im kleinen Belgien, wo 1902 ein solcher stattgefunden hatte. Im Wilhelminischen Kaiserreich sei der Massenstreik das Mittel, »in einem letzten Entscheidungskampf dem Proletariat die politische Macht zu erringen. Er ist ein wahrhaft revolutionäres Mittel und als solches nur in revolutionären Zeiten am Platze, beim Kampfe nicht um einzelne Maßregeln, [...] sondern beim Kampfe um die ganze politische Macht.«[46]

Kautsky erschien es daher nur logisch, dass er konkrete Vorschläge für einen Einsatz des Massenstreiks im Klassenkampf um den Ausbau der demokratischen Freiheiten nicht unterstützte. »Natürlich kann man sich die Situation nicht aussuchen, in der man zur Herrschaft kommt, und wenn die Situation es gebietet, muss man das Schwerste wagen. Aber kein vernünftiger Mensch wird eine so schwierige Situation künstlich beschleunigen wollen.«[47]

Also beobachtete die Sozialdemokratie die aktuellen Verhältnisse und wartete ab – die Revolution werde durch die ökonomische und die politische Entwicklung ganz von selbst kommen.

Mit »Die soziale Revolution« gelang Kautsky – nach dem Programmbuch von 1892 – ein zweiter Paukenschlag in Sachen sozialdemokratischer Strategie. 1914 lagen mehr als zwanzig Auflagen in wenigstens 13 Sprachen vor.

Der Pate des Marxismus

Mittlerweile hatte der Wahlkampf begonnen, die nächsten Reichstagswahlen fanden im Juni 1903 statt. Kautsky erwartete einen deutlichen Schritt vorwärts. »Die gemütliche Parteibummelei zum Endziel dürfte dann ein Ende nehmen, wenn wir ca. 80 Mann in den Reichstag schicken«, schrieb er an Mehring.[48]

Die SPD erhielt mit mehr als drei Millionen die meisten Stimmen und stellte mit 81 Abgeordneten die zweitstärkste der elf Fraktionen. »Was nun?« lautete die alle bewegende Frage. Kontroversen begannen. Kautsky antwortete, dass trotz der geänderten Situation die anstehenden Aufgaben mehr quantitativ denn qualitativ neu seien. Um die Herrschenden nicht zu provozieren, empfahl er unter Berufung auf das Erfurter Programm die Defensive. Neue Möglichkeiten für Aktionen sah er im Unterschied zu anderen nicht.

Die Auseinandersetzungen im Vorfeld des nächsten Parteitages, der im September 1903 in Dresden stattfand, fielen zum Teil haarig aus. Es ging um die Vizepräsidentschaft im Reichstag, die der Sozialdemokratie jetzt ob ihrer neu gewonnenen Stärke zustand. Die Reformisten wollten diese neue Position besetzen; die Revolutionäre lehnten ab, da das einer Anerkennung des bestehenden Systems gleichkäme. Noch heftiger wurde darum gestritten, ob einem Sozialdemokraten die Mitarbeit an bürgerlichen Zeitungen oder Zeitschriften gestattet sei – für viele Publizisten der Partei nicht selten ein reines Existenzproblem.

Der *Neue Zeit*-Chefredakteur trug dazu bei, dass die von Bebel, ihm und Singer ausgearbeitete Resolution mit 288 zu

21 Stimmen angenommen wurde. Es wurden »die revisionistischen Bestrebungen, unsere bisherige bewährte und sieggekrönte, auf dem Klassenkampf beruhende Taktik« zu ändern, »auf das Entschiedenste« abgelehnt, die größer gewordene Reichstagsfraktion habe ihren Kampf »noch energischer zu führen, als es ihr bisher möglich gewesen ist«.

Gegenüber dem Beschluss des Hannoveraner Parteitages wurden zwei Sachverhalte jetzt konkreter, verbindlicher formuliert. Zum einen war in den Parlamenten »jede Bewilligung von Mitteln« zu verweigern, »welche geeignet sind, die herrschende Klasse an der Regierung zu erhalten«. Zum anderen dürfe »die Sozialdemokratie, gemäß der Resolution Kautsky des Internationalen Sozialistenkongresses zu Paris im Jahre 1900, einen Anteil an der Regierungsgewalt innerhalb der bürgerlichen Gesellschaft nicht erstreben«.[49]

Dieser Beschluss des SPD-Kongresses in der sächsischen Metropole erlangte eine internationale Dimension, als er 1904 dem in Amsterdam tagenden Kongress der II. Internationale von französischen Revolutionären vorgelegt und mit großer Mehrheit angenommen wurde. Aber auch das brachte keinen Parteifrieden.

Die Sozialdemokratie müsste die Kraft haben, wünschte Kautsky sich im Nachgang zu Dresden, alle unsauberen Elemente aus der Sozialdemokratie auszuscheiden, d. h. sie zu dem Entschluss zu bringen, selbst aus der Partei auszutreten. Ein halbes Jahr später musste er resigniert notieren, dass es offenbar kein Mittel gäbe, den inneren Zwist in der Parteiorganisation zu bannen.

Kurze Zeit später, im Oktober 1904, beendete Kautsky den ersten Teil des 4. Kapital-Folianten, der in drei Büchern 1905 (Bände 1 und 2) und 1910 (Band 3) unter dem Titel: »Theorien über den Mehrwert« erschien. Obwohl Kautsky durch Engels direkt darauf vorbereitet worden war, habe es so lange gedauert, da er durch die Revisionismusdebatte zu sehr aufgehalten worden sei. Kautsky schimpfte: »Wie oft habe ich sie verwünscht, da so gar nichts dabei zu lernen war und die Zeit für wichtige Arbeiten, darunter die wichtigste, die vorliegende, mir dadurch geraubt worden ist.«[50] – Warum hatte er sich dann aber so sehr darauf eingelassen?

Offenbar versuchte Kautsky alles zu vermeiden, wodurch er als *der* Interpret eines revolutionären Marxismus ins Hintertreffen hätte geraten können. Ständig äußerte er sich zu allem, egal ob die Fragen von reformistischer oder von halbanarchistischer Seite aufgeworfen wurden; er stritt im nationalen wie im internationalen Rahmen ebenso mit namhaften wie mit weniger bekannten Sozialisten. Auch mit Jean Jaurès und Émile Vandervelde kreuzte er die Klingen. Das war anstrengend, und Kautsky stöhnte: Er sei nicht mehr der Gesündeste. Victor Adler und August Bebel meinten, er nehme vieles zu tragisch und mische sich auch in unnütze Debatten ein. Ab 1901 musste Kautsky mehrfach zur Kur. Magenbeschwerden, Kopfschmerzen und Schlaflosigkeit plagten ihn. Im Mai 1903 stellte sein Hausarzt Raphael Friedeberg bei ihm eine Magenerweiterung fest.

Hans Kautsky hielt seinen Bruder für einen Hypochonder: Karl »braucht einen Arzt um sich, der ihm täglich sagt: ›Ihnen fehlt nichts‹, dann wird er sich wieder richtig erholen«.[51]

Die Firma der Kautsky-Brüder und Rottonaras expandierte weiter. Sie durften sich bald »Königlich preußische Hoflieferanten« nennen und eröffneten in Berlin eine Niederlassung. Im Sommer 1903 wurde Bruder Hans zum Königlichen Hoftheatermaler ernannt, erhielt in Preußens Hauptstadt einen Professorentitel und mietete sich eine Zweitwohnung in Berlin-Halensee. Luise Kautsky, die mit Hans einen fleißigen Briefwechsel pflegte, freute sich, während Karl sich mit seinem Bruder sehr schnell überwarf, denn Hans kam mit Ella Graf. Offiziell stellte er Ella als eine entfernte Verwandte und Wirtschafterin vor. Karl lud im Vorhinein die – trotz eines gemeinsamen Kindes – immer noch in »wilder Ehe« Lebenden per Brief aus und verbat sich jeden Kontakt, namentlich zu seinen Kindern. Hans nahm ihm das nicht übel: »Du abgestandener Revolutionär mit der verstaubten Moral!«[52] Es habe aber auch sein Gutes, wenn er mit Karl nur wenig verkehre: Es schicke sich für ihn als königlicher Theatermaler eben nicht, mit einem führenden Sozialdemokraten Verbindungen zu pflegen, zumal jener im Parlament immer mal wieder als Befürworter revolutionärer Veränderungen zitiert werde.

Verdeckter Rückzug

Seit seinen Züricher Jahren pflegte Kautsky zu russischen Sozialdemokraten wie Pawel Axelrod, Georgi Plechanow oder Wera Sassulitsch Kontakt. Russland mit seiner erstarkenden antizaristischen Bewegung wurde für Kautsky in Europa zum Zentrum der revolutionären Bewegung. Er hielt, nicht zuletzt unter dem Einfluss Rosa Luxemburgs, eine Revolution im russischen Reich nicht mehr für fern. Diese könne kein sozialistisches Regime begründen, prognostizierte er Anfang Februar 1904, dazu seien die ökonomischen Verhältnisse des Landes noch zu unreif. Sie werde vorerst nur ein demokratisches Regime ins Leben rufen, hinter dem aber ein starkes, ungestüm vorwärtsdrängendes Proletariat stehe, das erhebliche Konzessionen erringen werde. Ein solches Regime müsse besonders auf Russlands Nachbarländer stark zurückwirken.

Elf Monate später brach mit dem Blutsonntag 1905 im Zarenreich eine Revolution aus. Für Kautsky eröffnete sich eine neue Epoche der Weltgeschichte. Umgehend forderte er die direkte Unterstützung der Revolution durch das Sammeln von Geld sowie durch die Entlarvung des Zarismus; die Anschrift der Haushälterin Zenzi wurde russischen Revolutionären als Deckadresse zur Verfügung gestellt. Und Karl fragte nicht ohne Spott: »Wo sind die Orakelsprüche unserer weisen Männer über das Ende aller Katastrophen geblieben?«[53]

Bei der Beurteilung des Charakters der Revolution stimmte Kautsky mit den Bolschewiki überein: Sie wurde als ein Übergang von einer bürgerlichen zu einer sozialistischen Gesellschaft verstanden. Ebenso herrschte Konsens im taktischen Vorgehen in der Agrarfrage wie in der Haltung zum durch die Revolution geschaffenen Parlament (Duma), sogar in der Frage des bewaffneten Aufstandes. Im Vorwort zur zweiten Auflage seiner »Sozialen Revolution« hielt Kautsky 1906 fest: »Ich kann heute nicht mehr mit der Bestimmtheit [...] erklären, dass bewaffnete Insurrektionen mit Barrikadenkämpfen in der kommenden Revolution keine entscheidende Rolle spielen werden. Dagegen sprachen zu laut die Erfahrungen des Moskauer Straßenkampfes.«[54] Lenin kommentierte: Der bewaffnete Aufstand »ist auch von einem so unparteiischen, besonnenen und vorsichtigen Zeugen wie Kautsky anerkannt worden«.[55]

Kautsky sah seine Auffassungen über den politischen Massenstreik bekräftigt. Auch der Parteitag zu Jena 1905 beschäftigte sich mit diesem Thema und beschloss, dass es namentlich im Falle eines Anschlages auf das allgemeine Wahl- oder das Koalitionsrecht die Pflicht der Arbeiterklasse sei, sich zu wehren und gegebenenfalls die Massenarbeitseinstellung als eines der wirksamsten Kampfmittel anzuwenden. Das war weniger, als Kautsky wollte: den Massenstreik als Waffe im Entscheidungskampf. Im Jahr darauf erfolgte eine weitere Aufweichung dieser Problematik, als auf dem Parteitag in Mannheim festgelegt wurde, dass jedem Massenstreik die Abstimmung der Führungsgremien von Partei und Gewerkschaften vorauszugehen habe. Trotzdem suchte Karl Kautsky den Frieden in der Arbeiterbewegung und meinte, die Tasse sei nicht halb leer, sondern halb voll: Mehr wäre eben nicht drin gewesen. Es genüge vollständig, die proletarischen Massen mit dem Gedanken des politischen Ausstandes vertraut zu machen.

Rosa Luxemburg begehrte – zunächst privatim – gegen die Alten in der SPD auf: Sie seien im Parlamentarismus gänzlich verfangen. Später konstatierte Luise Kautsky bereits für die Zeit ab Ende 1906: »Schon damals machte sich [...] ein Gegensatz zwischen ihr und Kautsky bemerkbar, mit dem sie bisher stets völlig einig gegangen war.«[56]

Verteidigung des Vaterlandes?

In den drei folgenden Jahren stimmten Kautsky und Bebel in wichtigen Fragen weitgehend überein, etwa im Kampf gegen Militarismus und Krieg, dessen Notwendigkeit auf dem Stuttgarter Kongress der Sozialistischen Internationale 1907 unterstrichen wurde, gegen die Budgetzustimmung von SPD-Fraktionen in süddeutschen Landtagen sowie gegen eine »sozialistische« Kolonialpolitik. Ein Differenzpunkt aber prägte sich aus und blieb dauerhaft bestehen, nämlich die Haltung der Sozialdemokratie im Falle eines Krieges.

Im März 1904 erklärte sich August Bebel im Reichstag bereit, im Falle eines Angriffs für die Verteidigung des deutschen Vaterlandes das Gewehr in die Hand zu nehmen. Kautsky widersprach dieser Auffassung ein Jahr später vernehmbar in der *Neuen Zeit* in dem Zweiteiler »Patriotismus, Krieg und Sozialdemokratie« – mit dem Ergebnis, dass er im Dezember 1905 im Reichstag von Kanzler Bülow zitiert wurde als einer, der das Vaterland nur dann verteidigen wolle, wenn es der Sozialdemokratie in ihren Parteikram passe. Im April 1907 erklärte Gustav Noske vor den Reichstagsabgeordneten seine bedingungslose Unterstützung der Vaterlandsverteidigung, sodass sich Kautsky genötigt sah, im Folgemonat dieses Thema erneut aufzugreifen. Während des SPD-Parteitages im September 1907 in Essen ging August Bebel mit Bezug auf seine Reichstagsrede von 1904 auf diese Thematik ein: Wenn das Zarenreich einen Angriff starte, dann sei er »alter Knabe noch bereit, die Flinte auf den Buckel zu nehmen und in den Krieg gegen Russland zu ziehen. Man mag darüber lachen, aber mir war es mit dem Wort bitter ernst.« Er fuhr fort: »Darauf hat man mir gesagt – und auch Kautsky hat in diese Kerbe gehauen –: Was ist ein Angriffskrieg? Ja, es wäre doch sehr traurig, wenn wir heute, wo große Kreise des Volkes sich Tag für Tag viel mehr um die Politik kümmern wie früher, noch nicht sollten beurteilen können, ob es sich im einzelnen Falle um einen Angriffskrieg handelt oder nicht.«[57] – Kautsky müsse doch sehen, dass heute die Dinge anders lägen als früher.

Der so angesprochene erwiderte: Er halte es nach wie vor für sehr schwer zu erkennen, »ob eine Regierung uns hinters Licht führt, oder ob sie wirklich die Interessen der Nation gegenüber einem Angriffskrieg vertritt«. Und überhaupt: »Wir haben uns nicht von dem Gesichtspunkt leiten zu lassen, ob Angriffs- oder Verteidigungskrieg, sondern davon, ob ein proletarisches oder demokratisches Interesse in Gefahr ist.«

Hans

Die Freundschaft zwischen den Bebels und den Kautskys erstreckte sich auch auf rein private Angelegenheiten und wurde selbst durch taktische Differenzen nicht beeinträchtigt. Als im ersten Quartal 1908 in der kautskyschen Familie eine tiefgehende Verstimmung ihren Höhepunkt erreichte, bewährte sie sich.

Viele Besucher fanden den Weg in das Heim der Kautskys im Südwesten Berlins. Der Hausherr selbst war, ganz anders als von seinen polemischen Schriften her zu erwarten, im persönlichen Verkehr ausgesprochen liebenswürdig. Friedrich Stampfer erinnerte sich: »Steckte der Mann mitten in der Arbeit, so war sie [Luise Kautsky] es, die dem Gast mit wienerischer Herzlichkeit entgegenkam und ihn nicht früher gehen ließ, als bis auch Karl Zeit gefunden hatte, sich mit ihm zu beschäftigen.«[58]

Die Söhne wuchsen heran. Felix und Karl legten 1909 ein ordentliches Abitur ab. Die Einnahmen waren durch das Redakteursgehalt sowie Honorare für Erst- bzw. Neuveröffentlichungen bzw. Übersetzungen gesichert. Einige Ersparnisse konnten zur Seite gelegt werden. Luise verfügte über größere Freiräume, die sie mit ihrer Freundin Rosa Luxemburg schnell auszufüllen vermochte: Übersetzungsarbeiten, Materialsammlungen, das Verfassen eigener Artikel. Beide trafen sich öfter mit Hans Kautsky, besuchten zusammen Theater, Konzerte oder Ausstellungen oder ließen sich von ihm mit dem Automobil ins Grüne fahren.

Die Beziehung des Hoftheatermalers zu Ella Graf hatte sich bereits im Frühsommer 1905 gelockert; ein Jahr später war Ella aus Berlin verschwunden. Hans fühlte sich alleingelassen. Er und Luise kamen sich näher. Kautsky reagierte zunächst kühl und intolerant, während Luise sich bemühte, ihn für sich wieder zu erwärmen. Denn sie konnte nicht ohne die Kinder leben, meinte aber auch, es sei mit ihm einfach nicht mehr auszuhalten. Anfang Januar 1908 fuhr sie nach Wien. Zwischen den Eheleuten werden viele Briefe gewechselt. Luise betonte, dass sie allein und nicht etwa – wie Kautsky unterstellte – Rosa Luxemburg für dieses außereheliche Verhältnis verant-

Rosa Luxemburg (vorne) und Luise Kautsky im Grünen, Sommer 1909.

wortlich sei. Sie setzte die Bebels in Kenntnis, die zu vermitteln suchten. Vielleicht gaben ihr die Überlegungen von Julie Bebel am meisten zu denken, die fragte, wieso Hans nicht sie, sondern stets eine andere Frau gewählt hatte.

Im April 1908 kehrte Luise nach Berlin zurück. Über gemeinsame publizistische Tätigkeiten verbesserte sich das Verhältnis zwischen den beiden langsam, auch wenn sie noch längere Zeit Urlaubs- und Erholungsreisen getrennt unternehmen.

Versengte Schwingen

Karl und Luise stürzten sich in die Arbeit. Zwischen Mai und September 1908 publizierte Luise sieben Artikel in Clara Zetkins *Gleichheit. Zeitschrift für die Interessen der Arbeiterinnen*. Sie übersetzte mehrere, zum Teil umfangreiche Sozialistica aus dem Englischen bzw. Französischen. Kautsky veröffentlichte zwischen Sommer 1908 und Sommer 1910 mehr als 150 Prozent seines ansonsten üblichen Quantums. Er polemisierte heftig. Schwerpunktmäßig ging es zunächst gegen die Reformisten, dann gegen die Gewerkschaften, dann gegen Rosa Luxemburg. Unterstützung durch den Parteivorstand fand er in keinem der drei Fälle.

Max Maurenbrecher, ein ehemaliger Pfarrer und Nationalsozialer, der zwischen 1903 und 1913 eine Gastrolle in der SPD gab, griff im Herbst 1908 die Theoretiker der Partei an: Deren Wirken sei für den kontinuierlichen Aufstieg der Arbeitenden völlig unnötig. Schnell drehte sich die Debatte um Reform und Revolution, in die Bernstein eingriff. Kautsky fasste seine bereits in mehreren Artikeln vorgestellten Ansichten in der Broschüre »Der Weg zur Macht. Politische Betrachtungen über das Hineinwachsen in die Revolution« zusammen. Er verstand sie als Ergänzung seiner sieben Jahren zuvor erschienenen »Sozialen Revolution«.

In der Tat betonte er: Die krisenhaften Erscheinungen in Ökonomie und Politik führten zur weiteren Verschärfung der Klassengegensätze; schon der nächste Wahlsieg der SPD könne zu einem Anschlag auf das Reichstagswahlrecht führen. Die

Sozialdemokratie müsse auf absehbare Zeit wieder mit der Revolution als einer realen Möglichkeit rechnen.

Bei den konkreten Aufgaben und den anzuwendenden Kampfmitteln ging Kautsky im »Weg zur Macht« im Vergleich mit 1902/04 kaum weiter. Er sprach ziemlich allgemein über eine notwendige Änderung der staatlichen Grundlagen und über den politischen Massenstreik als höchste und letzte Waffe des Proletariats. Von bewaffneten Kämpfen während der Revolution war nunmehr, anders als 1906, nicht mehr die Rede.

Ende Januar 1909 lag Kautskys Heft in den Buchläden und fand Beachtung. Selbst der Berliner Polizeipräsident ließ am 5. März den »Weg zur Macht« in der Buchhandlung für Staats- und Rechtswissenschaften, Französische Straße 50, bestellen. Diese musste acht Tage später bedauern, diesen Auftrag nicht ausfüllen zu können. Wie nun das? Mittlerweile hatten auch Mitglieder der Parteiführung die Abhandlung gelesen. Da sie ihrer Meinung nach eine unerschöpfliche Quelle zu Angriffen gegen die Partei darstelle, beschloss die Parteiführung am 2. März, die Arbeit aus dem Verkehr zu ziehen. Kautsky wehrte sich gegen den, wie er meinte, beschränktesten Parteivorstand aller sozialistischen Organisationen: »Es sind aufgeblasene beschränkte Parvenus.«[59]

Dass er sich einen Hochverratsprozess einhandeln könnte, schreckte Kautsky nicht. Seinem Rechtsanwalt Hugo Haase erklärte er, er habe das Risiko einiger Jahre Festung nicht gerade mit Vergnügen, aber doch ohne Murren auf sich genommen. Eine Verurteilung wegen dieser Schrift würde den Unwillen breitester Kreise erregen. Es sei schließlich einerlei, wie man wirkt, wenn man nur wirke; es müsse nicht immer mit der Feder sein.[60]

Er wandte sich an die Parteikontrollkommission, die ihm recht gab, und er überlegte, dieses Werk in Leipzig, Wien oder Stuttgart verlegen zu lassen. Doch der kautskysche Höhenflug blieb ein rein geistiger. Um Partei und Vorstand keinen Schaden zuzufügen, lenkte er letzten Endes ein, schwächte einige Stellen ab und vermerkte im Vorwort zu der im April herauskommenden 2. Auflage, dass er hier seine eigene private und nicht die offizielle Parteimeinung vertrete.

Gerade zu dieser Zeit, Anfang 1910, verschärften sich die politischen Auseinandersetzungen, vornehmlich in Preußen. Nach einem Aufruf der Berliner SPD-Organisation begaben sich am 6. März 150 000 Hauptstädter auf den »Treptower Wahlrechtsspaziergang«. Es wurde das allgemeine Stimmrecht für den Landtag gefordert und überlegt, ob nicht politische Teil- oder sogar Massenstreiks zur Bekräftigung dieses Verlangens einzusetzen seien. Die Führungsgremien von Partei und Gewerkschaften vereinbarten in vertraulichen Verhandlungen, sich auf die traditionellen, gewohnten, legalen Maßnahmen zu beschränken. Dagegen trat Rosa Luxemburg auf. Ihr Ausgangspunkt lautete: »Die Äußerungen des Massenwillens im politischen Kampfe lassen sich nämlich nicht künstlich auf die Dauer auf einer und derselben Höhe erhalten, in eine und dieselbe Form einkapseln. Sie müssen sich steigern, sich zuspitzen, neue, wirksamere Formen annehmen. Eine einmal entfachte Massenaktion muss vorwärtskommen.«[61] Konkret hieß das für sie, für den Wahlrechtskampf in Preußen die Losung des politischen Massenstreiks und als Zielstellung die demokratische Republik auszugeben. Sie verfasste einen, wie sie selbst sagte, scharfen Artikel. Der *Vorwärts* lehnte ab. Kautsky war zunächst bereit, ihn nach Veränderungen, besonders der Streichung der Passage mit der Republik-Forderung, in der *Neuen Zeit* zu bringen. Vorsichtigerweise fragte er bei Bebel nach, der meinte, über das Thema des Massenstreiks dürfe nicht diskutiert werden. Also wies auch die *Neue Zeit* diesen Aufsatz zurück. Rosa Luxemburg brachte ihn in den SPD-Regionalorganen von Dortmund und Breslau unter.

»Natürlich lacht alle Welt über den Konflikt zwischen Rosa und Karl«, teilte Bebel seinem österreichischen »Amtskollegen« Victor Adler mit, »die man für eine Art siamesischer Zwillinge hielt.« Er ergänzte: »Karl schreibt mir aber, dass er froh ist, dass dieser Glaube zerstört wurde.«[62] – Die Verstimmung zwischen beiden erwies sich als tief; der daraus resultierende Bruch war endgültig.

Die Verhältnisse in der deutschen Sozialdemokratie hatten sich geändert. Aus der Rangelei zwischen der revolutionären und der opportunistischen Richtung war eine Dreiteilung geworden: radikale Linke, »marxistisches« Zentrum, revisionistische Rechte.

Die vielfältigen Auseinandersetzungen zehrten an Kautskys Gesundheit. Friedeberg, sein Hausarzt, riet ihm, jährlich wenigstens zwei längere Erholungsreisen zu unternehmen, um sich durch diese Ruhepausen körperlich fit zu halten. Im April/Mai 1910 fuhr Kautsky zur Kur nach Baden-Baden. Diese schlug nicht an. Als er sich Ende August als offizieller Vertreter des SPD-Vorstandes zur Tagung der Sozialistischen Internationale nach Kopenhagen begab, ereilte ihn bei Kongressbeginn ein Nervenzusammenbruch. Er kehrte umgehend nach Berlin zurück.

Offiziosus des Parteivorstandes

Kautsky musste sich bis Mitte November in ärztliche Behandlung begeben, zunächst nach Braunlage im Harz, dann nach Baden-Baden. Durch Luise ließ er bei Bebel anfragen, ob die zeitweilige Unterstützung in der Redaktion der *Neue Zeit* durch Gustav Eckstein nicht dauerhaft gestaltet werden könne, um ihm mehr Zeit für seine eignen Arbeiten zu verschaffen. Dem wurde stattgegeben. Ihm selbst schwebte das große gelehrte Werk über marxistische Anschauungen vor. »Ich habe eine Menge wissenschaftlicher Arbeiten im Kopf«, eröffnete er Bebel, »mit denen ich noch fertig werden möchte, ehe ich abkratze, aber die Tagesarbeit nimmt mir die Zeit und mehr noch die Ruhe.«[63] – Bis 1914 erscheint kein größeres Buch von Kautsky.

Natürlich publizierte Kautsky weiter in seiner Zeitschrift. Nunmehr unterstützte er »den beschränktesten Parteivorstand« umfassend, namentlich bei den Reichstagswahlen 1912, in der Innenpolitik, in außenpolitischen Fragen und bei der internationalen Wirksamkeit. Er nahm an, dass nach der Wahl Hugo Haases, der 1911 als Nachfolger von Paul Singer zu einem der beiden Parteivorsitzenden wurde, August Bebel im Vorstand nicht mehr so isoliert sei, und er hoffte, dass mit Haase wieder mehr Intelligenz und Initiative einziehe.

Gegen Kautsky wurde zunehmend polemisiert, mehr von links als von rechts. Er erwiderte: »Mag man mich als Offiziosus des Parteivorstandes verdächtigen [...]. Was mit dieser Bezeichnung verächtlich gemacht werden soll, das zähle ich zu den stolzesten und erhebendsten Erinnerungen meines Lebens.«[64]

Im Auftrag des Parteivorstandes überarbeitete er den Ersten Band des »Kapitals« zur Volksausgabe, die 1914 erschien; 1926 folgt Band 2, 1929 Band 3, letzterer in Verantwortung von Benedikt Kautsky, der die Mitarbeit seines Vaters im Untertitel betonte.

Bei den Reichstagswahlen im Januar 1912 hatte die Sozialdemokratie ein Drittel der Stimmen erhalten, mehr als 4,25 Millionen, und war mit 110 Mandaten zur stärksten Fraktion geworden. Es könne nicht mehr lange dauern, und die große Mehrheit stimme für uns, orakelte Kautsky. Noch ging er weiterhin von einer anstehenden grundlegenden Umwälzung aus: »Die nächste Revolution ist nur noch als europäische zu erwarten, vielleicht schon sehr nahe, vielleicht narrt sie uns wieder einmal und lässt uns noch etwas warten. Am nächsten käme sie im Gefolge eines Krieges.«[65]

Ähnlich unsicher bewertet er die aktuellen Entwicklungen. Einmal spitzten sich die Widersprüche weiter zu, anwachsende Teuerungen, zunehmende Kriegsgefahr, vielleicht sogar ein Krieg selbst seien die Zeichen der Zeit. In einem etwas anderem Zusammenhang hingegen meinte er, die Entwicklung werde ruhiger, die Zeiten überraschender Siege wie vernichtender Niederlagen seien vorbei, die Partei der vier Millionen Wähler könne vom herrschenden Regime nicht einfach ignoriert werden.

Auch zum Thema Kriegs(un)willigkeit des Volkes wurden seine Äußerungen widersprüchlich. Im April 1911 hielt er fest: Wenn der Feind an den Grenzen steht, dann »werden zunächst alle zu Patrioten, auch die international Gesinnten«,[66] während er Ende 1913 vermeinte zu sehen, dass »unsere Partei [...] keine

Kriegsbegeisterung in den Volksmassen mehr aufkommen lässt. Und ohne solche Begeisterung ist im Zeitalter der allgemeinen Wehrpflicht ein großer Krieg nicht mehr zu führen.«[67]

In einem Punkt legte sich Kautsky nach den Reichstagswahlen von 1912 jedoch fest. Grundlage der Politik und Strategie der deutschen Sozialdemokratie war bis dahin Marx' und Engels' These, dass zwischen Bourgeoisie und Proletariat alle anderen Schichten zerrieben und letztlich vom Proletariat aufgesogen würden. Es wäre nur eine Frage der Zeit, wann das Proletariat so angewachsen sei, dass es zur Machtübernahme schreiten könne, die als einmalige Revolution gedacht wurde.

Die Mehrheit des Parteivorstandes – in die Jahre gekommene Herren – hatte sich innerlich schon längst von dieser riskanten Perspektive verabschiedet, sie – als wichtigstes Alleinstellungsmerkmal der SPD – offiziell aber weiterhin propagiert. Nach außen blieb die SPD eine sozialdemokratische Partei, politisch befand sie sich aber spätestens seit der schweren Niederlage bei den Reichstagswahlen 1907 auf dem Weg zu einer demokratisch-sozialistischen Reformpartei – eine Entwicklung, die noch der Dresdner Parteitag von 1903 entschieden abgelehnt hatte.

Bei der Analyse der Gesellschaft bediente sich Kautsky konsequent der von Marx angewandten Methoden und kam zu dem Schluss, dass Marx' und Engels' These vom Verschwinden der Mittelschichten zumindest nicht haltbar sei. Kautsky sah zwar den alten vorkapitalistischen Mittelstand, Handwerker, Bauern und Kleinhändler, weiterhin im Proletariat aufgehen, daneben aber – völlig zu Recht – mit hoher Dynamik einen neuen Mittelstand entstehen: Intellektuelle in freien Berufen und vor allem Angestellte. In der Industrie hatten sie sich seit 1882 versechsfacht.

So seriös – und strategisch wichtig – dieser Befund auch war, so aus der Luft gegriffen war Kautskys Schlussfolgerung: Mit dem neuen Mittelstand entstünde ein neuer Liberalismus, denn politisch entspräche ein neuer Liberalismus einem neuen Mittelstand, so wie um 1848 der demokratische Liberalismus politischer Ausdruck des alten Mittelstandes gewesen sei: Man darf »sehr wohl mit der Möglichkeit rechnen, dass der Liberalismus sich umbildet, und zwar in der Richtung nach links«.[68]

Spätestens im August 1914, als nicht zuletzt der neue Mittelstand sich dem Kriegstaumel hingab, musste Kautsky – zumindest sich selbst – eingestehen, dass er dem Parteivorstand wohlfeil eine »Theorie« für dessen Politik der »Dämpfung« geliefert und damit nicht nur sich selbst Sand in die Augen gestreut hatte.

In der deutschen Sozialdemokratie war Kautsky schon vor dem August 1914 zunehmend an den Rand geraten. Zu Rosa Luxemburg, Clara Zetkin oder Franz Mehring, einst mit ihm im engeren Kreis, bestanden ohnehin nur noch gelegentliche, rein berufliche Kontakte. Der Tod August Bebels im August 1913 hatte Kautsky zudem nicht nur ziemlich mit-, sondern ihm im Parteivorstand auch seinen wichtigsten Verbündeten genommen; der Generalstäbler vermisste seinen kommandierenden General.

In der folgenden Zeit bemühte Kautsky in praktischen Parteifragen den neun Jahre jüngeren Hugo Haase; doch 1917/18 stellten sich auch zwischen beiden größere Differenzen ein. Andererseits wurde Bernstein wieder zum »lieben Ede«, der nach einer zwölfjährigen Unterbrechung erneut in der *Neuen Zeit* zu publizieren begann. Für Kautsky passten diese Umstände in die für ihn nicht sehr erfreuliche Gesamtsituation der Sozialdemokratie am Vorabend des Ersten Weltkrieges.

Krieg

Die familiären Verhältnisse der Kautskys waren wieder in ruhigerem Fahrwasser. Luise wurde erneut zur »liebsten Mummi«, während sie ihrem »lieben Alten« oft »Kuss in Mengen« sandte. Der Tod von Minna, Kautskys Mutter, im Dezember 1912 traf die Familie, namentlich ihren Lieblingssohn, hart. Die drei Söhne der Kautskys studierten in Berlin. Felix wurde Ingenieur. Karl jr. büffelte zehn Semester Medizin, arbeitete ab August 1914 als Assistenzarzt an der Universitätsklinik in Frankfurt a. M., um hier 1916 seine Dissertation zu verteidigen. Benedikt legte 1913 die Reifeprüfung ab, schrieb sich an der Berliner Universität ein, ähnlich wie sein Vater für Geschichte und Nationalökonomie. Er promovierte 1920 mit einer Schrift zur Kapitaltheorie. Besonders Bendel, den Kautsky als möglichen Nachfolger in der Redaktion der *Neuen Zeit* in Betracht zog, begann, sich in der Sozialdemokratie zu engagieren. Luise nutzte die gewonnene Zeit als – so formulierte es Friedrich Adler, der Sohn von Victor Adler, des Führers der österreichischen Sozialdemokratie – brillante Sekretärin und Sekundantin ihres Gatten. Daneben wurde sie 1911 Mitglied des Groß-Berliner Bildungsausschusses der SPD.

Die Schüsse von Sarajevo am 28. Juni 1914 versetzten die Kautskys wie die meisten ihrer Zeitgenossen keineswegs in größere Unruhe. So war er eben, der Balkan, auf dem gerade erst zwei blutige Kriege geführt worden waren. Wien zögerte und handelte hinter den Kulissen für sein weiteres Vorgehen die Zustimmung Berlins aus. Am 23. Juli übergab Österreich-Ungarn an Serbien ein Ultimatum, fünf Tage später wurde der Krieg erklärt. Kautsky konnte in der Habsburger Monarchie keine Anzeichen einer größeren Protestaktion wahrnehmen. Antikriegskundgebungen in deutschen Städten und Friedensmanifestationen der Internationale liefen zwar an, reichten aber nicht aus. Sowohl die Bewahrung des Weltfriedens durch die Herrschenden als auch machtvolle Antikriegsaktionen des Proletariats in allen Ländern – zwei nicht selten auch von Kautsky geäußerte Hoffnungen – blieben aus.

Was aber tun, wenn die Eindämmung des Konflikts nicht gelingt, der Krieg ausbricht und Russland auf den Plan tritt? In dieser Frage liege die große Schwierigkeit der Situation. Kautsky kapitulierte: »Es scheint unmöglich, für diesen Zwiespalt der Argumente eine befriedigende Lösung zu finden.«[69]

An Hugo Haase schrieb Kautsky, dass es »ein verbrecherischer Unsinn« sei, »wenn wir versuchen wollten, einen ausgebrochenen Krieg, den wir nicht zu verhindern vermochten, in seiner Ausführung verhindern zu wollen«.[70] Man müsse schon froh sein, wenn es in dieser schwierigen Situation gelinge, die Einheit der Arbeiterpartei aufrechtzuerhalten.

Das Deutsche Kaiserreich erklärte am 1. August 1914, die russische Mobilmachung zum Anlass nehmend, dem Zarenreich den Krieg. Die Bündnissysteme funktionierten, der Weltkrieg war da. Über ganz Deutschland wurde der Kriegszustand verhängt; die vollziehende Gewalt ging auf die Militärbehörden über. Zeitungen und Bücher waren den Zensurbehörden vorzulegen. Es verblieben für freie Meinungsäußerungen allein die Parlamentssäle.

Zur der am 3. August beginnenden nächsten Tagung der sozialdemokratischen Reichstagsfraktion wurden die Chefredakteure der beiden zentralen Organe der SPD, des *Vorwärts*, Heinrich Ströbel, und der *Neuen Zeit* eingeladen. Noch am 31. Juli 1914 hatte Kautsky keinen Parteigenossen getroffen, der es nicht für selbstverständlich gehalten hätte, dass die Sozialdemokratie die Kriegskredite ablehnt. Der Kriegsausbruch selbst, namentlich die militärische Auseinandersetzung mit Russland, ließ die Stimmung jedoch kippen. Kautsky schlug am Nachmittag des 3. August im Reichstag verschiedenen Abgeordneten vor, sich in der Kriegskreditfrage der Stimme zu enthalten. Ihm diente die Position von August Bebel und Wilhelm Liebknecht zu Beginn des Deutsch-Französischen Krieges 1870 als Vorbild. Die große Mehrheit der Fraktion hingegen argumentierte, es stehe der wählerstärksten Partei nicht mehr an, sich in einer so lebenswichtigen Problematik einer klaren Stellungnahme zu entziehen – also Zustimmung. Kautsky meldete sich in der Fraktionssitzung zu Wort und ließ sich in die Rednerliste eintragen. Eine Spalte »Stimmenthaltung« existierte auf dieser nicht, es durften nur Pro- oder Kontra-Meinungen geäußert werden. Also ließ er sich mit seinem Eventualvorschlag für bedingte Bewilligung der Kriegsgelder in der Reihe der Befürworter registrieren. Seine Bedingung lautete: Die Partei stimme nur dann für die Kredite, wenn die Regierung erkläre, dass es sich für Deutschland um einen reinen Verteidigungskrieg handele, der streng defensiv und ohne jegliche Eroberungsgelüste geführt werde. Kautsky kalkulierte, dass die Regierung auf einen solchen Vorschlag nicht eingehen und die Sozialdemokratie daher also die Kriegskredite ablehnen könne.

Dieser am Abend einer langen Sitzung kurz nach 19 Uhr in hektischer Atmosphäre vorgebrachte, nicht leicht zu verstehende Vorschlag fand nur bei Wilhelm Dittmann Unterstützung. Die Fraktion beschloss mit 78 gegen 14 Stimmen die Zustimmung.

Am nächsten Tag war Kautsky wieder im Reichstag und wurde in die Kommission gewählt, die eine zum Vortrag im Plenum bestimmte Erklärung des Abstimmungsverhaltens der sozialdemokratischen Reichstagsfraktion ausarbeitete. Er sorgte dafür, den Satz einzufügen: »Sollte die Regierung gestatten, dass der Krieg von deutscher Seite den Charakter eines Eroberungskrieges annimmt, dann werden wir uns gegen sie auf das Energischste wenden.«[71]

Einmütig stimmte die SPD-Abordnung am 4. August für die Kriegsgelder. Die Gegner der Befürwortung ordneten sich der Fraktionsdisziplin unter. Tags darauf erfuhr Kautsky aus der Presse, dass in der von Hugo Haase vorgetragenen Rechtfertigung genau der von ihm eingebrachte Passus fehlte. Erneut begab er sich in den Reichstag, um zu erfahren, dass dieser Satz auf Empfehlung des Reichskanzlers gestrichen worden sei, um nicht den Eindruck zu erwecken, besonders England gegenüber, das sich erst ab dem 5. August, 0.00 Uhr im Kriegszustand mit Deutschland befand, es bestünde tatsächlich die Möglichkeit, von deutscher Seite aus einen Expansionskrieg anzuzetteln. Kautsky begriff, dass alle von ihm eingebrachten Vorschläge keinerlei Wirkung gezeitigt hatten.

Bei diesem gerade beginnenden Ausflug in die praktische Politik fühlte sich Kautsky sehr unsicher: Ich »hab' dabei Bebel aufs Schmerzlichste vermisst«[72], gestand er seinem Freund Victor Adler ein.

Allgemein wurde, wie 1870/71, mit einem kurzen, bestenfalls bis Weihnachten andauernden Waffengang gerechnet. Um die eigenen Kampfmittel, d. h. »die Organisationen und die Organe der Partei und der Gewerkschaften«, trocken zu halten, verlangte Kautsky Einheit und Geschlossenheit. Verständliche Meinungsverschiedenheiten dürften keinen Zwiespalt hervorrufen. »Auch in dieser Beziehung hat die Waffe der Kritik jetzt zu schweigen. Disziplin ist im Kriege nicht bloß für die Armee, sondern auch für die Partei das erste Erfordernis. [...] Nicht Kritik, sondern Vertrauen ist jetzt die wichtigste Bedingung unseres Erfolges.«[73] Das gelte auch international, selbst wenn sich herausgestellt habe, dass die Sozialistische Internationale im Wesentlichen ein Friedensinstrument und kein wirksames Werkzeug im Krieg sei.

Kautsky publizierte weiter, blieb aber allgemein und polemisierte nicht mit Parteigenossen. Hinter geschlossenen Türen aber, etwa auf den beiden Zusammenkünften der Reichstagsfraktion Ende November 1914 und Anfang Februar 1915, zu denen er wiederum geladen war, verlangte er entschieden die Ablehnung der Kriegskredite, da die deutsche Regierung völkerrechtswidrig die belgische Neutralität verletzt und auf Friedensbemühungen dritter Staaten nicht reagiert habe. Weiter ging er nicht.

Als sich Karl Liebknecht entschied, sich dem Fraktionszwang zu entziehen und am 2. Dezember 1914 in der Reichstagssitzung klar und vernehmlich gegen die neue Kriegsanleihe zu stimmen, war bei Kautsky von Ablehnung keine Spur mehr. Liebknecht notierte: »Haase und Kautsky suchten mich noch in persönlichen Besprechungen von dem Entschluss zu einem Separatforum abzubringen. Nur Bernstein stimmte mir privatim zu.«[74]

»Gebot der Stunde«

Die Fronten klärten sich in der deutschen Sozialdemokratie in dem Maße weiter, wie die Kriegsziele zutage traten. Im Frühjahr 1915 wurde die »Waffe der Kritik« von rechts, namentlich durch Eduard David, wie von links, besonders Rosa Luxemburg, wieder ausgegraben. Haase, Kautsky und Bernstein waren es, die mit ihrem »Gebot der Stunde«, das sie in der *Leipziger Volkszeitung* vom 19. Juni 1915 auf den Seiten 1 und 2 – nach den Kurzmeldungen von den Weltkriegsfronten – veröffentlichten, die SPD-Mitglieder aufriefen, den Herrschenden gegenüber »ihren gegensätzlichen Standpunkt in nachdrücklicher Weise geltend zu machen«. Die Autoren stellten sich damit bewusst und nunmehr deutlich vernehmbar gegen die Kriegskreditbewilliger in der eigenen Partei.

Luise freute sich, »dass Du nun nicht mehr als Interpret des P[artei]V[orstandes] angesehen werden kannst, sondern einmal reinen Tisch machen konntest«.[75] Sie hofften aber weiterhin, dass sich, wie 1870, das einheitliche Handeln der Sozialdemokratie wieder einstelle.

Der Krieg dauerte mittlerweile schon länger als ein Jahr. Widerstand dagegen hatte sich auf der Straße, in Flugblättern und einigen Zeitschriften- bzw. Presseartikeln erhoben. Die Zahl der Abgeordneten, die in den SPD-Fraktionssitzungen die Bewilligung der Kriegskredite ablehnen, erhöhte sich von 17 im Dezember 1914 auf 36 im August 1915, auf fast ein Drittel der Mandatsträger. Unter diesen Umständen machte sich Kautsky in der *Neuen Zeit* mehrfach Gedanken, wie sich die Fraktionsminderheit im Reichstag Gehör verschaffen und selbstständig agieren könne. Er trat Anfang November 1915 dafür ein, die Meinungsfreiheit in der deutschen Sozialdemokratie nicht durch Fraktionszwang abzuschneiden. Der Minorität müsse das Recht eingeräumt werden, im Parlament ihre eigene Stellungnahme vorzutragen. Nur so könnten die Differenzen öffentlich ausgesprochen werden, nur so könne den Übertreibungen von rechts oder links entgegengewirkt und damit die Einheit der Partei aufrechterhalten werden. Die Sache war ihm ernst. »Wenn ich jetzt im Reichstag säße«, schrieb er an seine Frau, »ich ginge los, und bliebe ich allein mit Liebknecht. Zum ersten Mal bedaure ich, kein Abgeordneter zu sein.«[76]

Er informierte am 17. Dezember die Parteiführung, dass er seine Beiträge zu diesem Thema in einem Flugblatt und in einer speziellen Broschüre zusammenfassen werde. Letztere erschien 1916 in Leipzig unter dem Titel »Überzeugung und Partei«.

Am 20. Dezember 1915 tagte die sozialdemokratische Reichstagsfraktion. Besonders Friedrich Ebert argumentierte gegen Kautsky und dessen »Spaltungsartikel« in der *Neuen Zeit.* Dennoch stimmten auf dieser Fraktionssitzung 45 Abgeordnete gegen die mittlerweile fünfte Billigung der Kriegskredite. Tags darauf dokumentierten 19 von ihnen diese Auffassung auch im Reichstag, untermauert mit einer entsprechenden Erklärung von Friedrich Geyer – für den SPD-Vorstand eine unzulässige »Sonderaktion«, die durch das »Gebot der Stunde« und Kautskys Aufsätze über Meinungsfreiheit und Parteidisziplin vorbereitet worden sei.

Die Partei begann, auseinanderzubrechen. Hugo Haase legte Anfang 1916 den Fraktions- wie den Parteivorsitz nieder. Am 24. März drängte die Burgfriedensmehrheit die Minderheit der Kriegskreditablehner aus der Reichstagsfraktion, woraufhin sich 18 von ihnen als Sozialdemokratische Arbeitsgemeinschaft (SAG), d. h. als zweiter sozialdemokratischer Verbund im Reichstag, konstituierten. Auch die im September abgehaltene Parteikonferenz, auf der Kautsky mit einer mutigen, klare Friedensforderungen formulierenden Rede auftrat, brachte keine Änderung.

Das auf Einladung der SAG am 7. Januar 1917 in Berlin stattfindende Treffen von Vertretern oppositioneller Parteigruppen, an dem sich Kautsky aktiv beteiligt, wurde vom SPD-Vorstand zum Anlass genommen, sich von den Oppositionellen organisatorisch zu trennen. Die Opposition kam vom 6. bis 8. April in Gotha zusammen und gründete die Unabhängige Sozialdemokratische Partei Deutschlands (USPD).

In diesem Prozess vertrat Kautsky – nach seiner Auffassung – die sogenannte Mittelstellung des »marxistischen« Zentrums, das er sich als Kristallisationspunkt für die Gesamtpartei wünschte.

In Gotha stimmten Kautsky und auch Bernstein gegen die Schaffung einer neuen eigenständigen sozialdemokratischen Partei, traten ihr aber trotzdem bei, um deren Vorgehen, das gegen die faktische Koalitionspolitik der Mehrheits-SPD mit den Herrschenden gerichtet war, zu unterstützen. Von Mitgliedern der Spartakus- und anderer linker Gruppen, die sich der USPD anschlossen, wurde besonders Kautsky kritisiert. Obwohl Hugo Haase, die Führerfigur der »Unabhängigen«, sich dagegen wandte, »Kautsky herunterzureißen, besonders von Leuten, die noch nicht wert sind, ihm die Schuhriemen zu lösen«,[77] wurde schnell klar, dass Kautskys Anhang und damit sein Einfluss gering blieben. Er stöhnte: »Wir sind in einer scheußlichen Situation. Drüben die Partei der charakterlosen Streber. Bei uns alle Querköpfe.«[78]

Er musste damit rechnen, als USPD-Mitglied nicht mehr lange die theoretische Zeitschrift der SPD redigieren zu dürfen. Sein ständiger Mitarbeiter Heinrich Cunow hatte das sinkende Schiff schon am 1. Oktober 1916 verlassen.

Kein Ort, nirgends

Im April 1914 war Luise Kautsky in Rom an Typhus erkrankt. Die folgenden drei Jahre musste sie in Krankenhäusern sowohl in Italiens Hauptstadt als auch in Frankfurt a. M. – hier arbeitete ihr Sohn Karl als Arzt – sowie in verschiedenen Sanatorien in Südtirol und in der Schweiz verbringen. Erst 1917 durfte sie wieder reisen. Mitte Mai besuchte sie – in Begleitung von Hans Kautsky – Rosa Luxemburg, die in der Festung Wronke festgehalten wurde. Kautsky wetterte: »Ich wundere mich nur immer, dass Du es mit Deiner Selbstachtung für verträglich findest, dem Frauenzimmer nachzulaufen.«[79] Luise erwiderte: »Ich weiß, dass sich gegen meinen Verkehr mit ihr vieles einwenden lässt [...]. Aber sie hat mir vor Zeiten menschlich so viel gegeben, und sie ist doch auch ein ganz besonderer Mensch, dass es mir abscheulich vorkäme, sie gerade jetzt im Stiche zu lassen.«[80]

Insgesamt kam die Familie Kautsky einigermaßen durch den Weltkrieg, obwohl sich die Versorgungslage auch für sie dramatisch verschlechterte. Im Mai 1917 verglich Kautsky seine Lage mit der eines Bettelmönches, der von den Spenden der Gläubiger leben müsse. Von bulgarischen Sozialisten erhielt er Hühnereier, während der nicht in die Armee eingezogene Sohn Felix Touren zur Lebensmittelbeschaffung unternahm. Ende 1917 wurden die beiden jüngeren Kautsky-Söhne in die österreichische Armee einberufen: Benedikt zu den rückwärtigen Diensten in die Steiermark, Karl als Militärarzt nach Prag.

Natürlich wurde *Die Neue Zeit* in Mitleidenschaft gezogen, nicht nur durch die allgemeine Teuerung, sondern auch durch

Felix, Benedikt, Luise, Karl and Karl jr. Kautsky, 1917.

die Halbierung der Abonnenten- wie der Mitarbeiterzahl. Kautsky hatte bereits im September 1915 dem Parteivorstand einen Gehaltsverzicht um 200 Mark monatlich vorgeschlagen. Das war abgelehnt worden, wohl aus der Befürchtung heraus, diesem Beispiel folgen zu müssen. Kautsky mutmaßte, dass der SPD-Parteitag, der für die zweite Oktoberhälfte 1917 in Würzburg geplant war, ihm die *Neue Zeit* entziehen würde. Doch schon am 28. September 1917 unterschrieb der SPD-Vorstandsvorsitzende Friedrich Ebert die Kündigung der *Neue Zeit*-Redaktion mit sofortiger Wirkung.

Nicht die Sache selbst, wohl aber die Art und Weise bezeichnete Kautsky als schäbig und niederträchtig. Auch wenn das Gehalt drei Monate weitergezahlt werde, sei es »nicht sehr amüsant, mit 63 Jahren auf dem Pflaster zu liegen und eine neue Existenz aufbauen zu müssen«, schrieb er an Victor Adler. Seine »wohl dotierte Position« war dahin und damit sein Traum, den Rest seiner Kraft »ausschließlich in wissenschaftlicher Tätigkeit aufzuwenden«.[81]

Mit der *Neuen Zeit* verlor Kautsky sein wichtigstes Publikationsorgan. Wilhelm Bock, USPD-Mitglied, Verleger in Gotha, versuchte, mit *Die Internationale Neue Zeit. Unabhängiges Sozialdemokratisches Organ, hrsg. v. Karl Kautsky* einen ab Januar 1918 erscheinenden Ausgleich zu schaffen. Die örtlichen Militärbehörden untersagten dieses Vorhaben. Etwas Ersatz fand Kautsky in der von Rudolf Breitscheid herausgegebenen Korrespondenz *Sozialistische Auslandspolitik*. Artikel für die Tagespresse lagen ihm nicht; für das, was er zu sagen hatte, waren sie ihm zu kurz. Er schrieb lieber Broschüren. Da ihm die alten SPD-Institutionen nicht mehr zur Verfügung standen, erschienen seine Schriften ab 1918 vorwiegend in Wien, in der USPD-Hochburg Leipzig und in pazifistischen Verlagen in Berlin.

Bolschewiki

Die russische Februarrevolution von 1917 hieß Kautsky euphorisch willkommen. Sie war für ihn »der erste Hoffnungsstrahl, der seit Kriegsbeginn auf diese arme, blutgedüngte Erde fällt«.[82] Neben baldigen Friedensschlüssen und grundlegenden demokratischen Umwälzungen in Russland erwartete er eine Demokratisierung Mitteleuropas.

Seine Begeisterung für die Machtübernahme durch die Bolschewiki hielt sich jedoch in Grenzen. Zwar habe zum ersten Mal in der Geschichte der Welt das Proletariat die Regierungsgewalt eines ganzen, großen Staates erobert, zwar stimme die vom Gesamtrussischen Sowjetkongress ausgegebene Friedensformel: »Keine Annexionen und Kontributionen, Selbstbestimmung der Völker« mit der des internationalen Sozialismus überein, nur: Wie sollte das enden? Denn, das war und blieb Kautskys grundlegender Ausgangspunkt, Russland weise noch nicht die notwendige Reife für den Sozialismus auf.

Für ihn war eine hoch entwickelte kapitalistische Gesellschaft die unabdingbare Grundlage für den sozialistischen Aufbau. Nur dann verfüge das Proletariat über die notwendige Mehrheit der Bevölkerung. Und nur »durch die gewaltige Entfaltung der Produktivkräfte, die der Kapitalismus mit sich bringt, durch die enormen Reichtümer, die er schafft«, entstünden die Voraussetzungen für den allgemeinen materiellen Wohlstand und die Freiheit, die der Sozialismus verheiße, nur so seien weitere Anhänger zu gewinnen.

Untrennbar verbunden mit der kapitalistischen Entwicklung war für Kautsky die Ausprägung der Demokratie: »Je kapitalistischer ein Staat auf der einen Seite, je demokratischer auf der anderen Seite, desto näher steht er dem Sozialismus.«[83] Die Demokratie galt ihm weiterhin als die einzige Regierungsform, in der das Proletariat die politische Macht ausüben könne. Angriffe der Herrschenden auf die demokratischen Rechte werde das Proletariat mit Nägeln und Zähnen abwehren, wobei diese entschlossene Abwehr sogar zum politischen Umsturz führen könne.

Da die Bolschewiki bei ihrem ohne jegliches Fundament begonnenen Bau noch weitere »Konstruktionsfehler« begingen, hielt Kautsky es für seine »verfluchte Pflicht«, sie darauf hinzuweisen.[84] Er führte aus: Industrialisierung und Entwicklung der Landwirtschaft anstatt Bürgerkrieg; demokratische Freiheiten und Institutionen anstatt Aufhebung derselben und proletarische Diktatur; Einheit der sozialistischen und Arbeiterbewegung anstatt Verfolgung der Menschewiki und der Sozialrevolutionäre.

Seine Ansichten publizierte Kautsky in mehreren Artikeln zwischen November 1917 und März des Folgejahres. Da die Entwicklung in Russland morgen auch für Westeuropa praktische Bedeutung gewinnen könne und sie heute schon die Propaganda und die Taktik der Arbeiterbewegung deutlich beeinflusse, fasste er im Sommer 1918 alles unter dem Titel »Die Diktatur des Proletariats« zusammen. Für diese Broschüre fand sich nur schwer ein Verlag. Sie erschien erst Ende September in Wien, wenig später gekürzt als »Volksherrschaft oder Gewaltherrschaft« bzw. »Demokratie oder Diktatur« in Berlin und erfuhr einige Beachtung. Die Ablehnung reichte von Kommunisten wie Lenin, der eine spezielle Gegenschrift verfasste, und führenden Spartakisten wie Rosa Luxemburg und Clara Zetkin über den Austromarxisten Otto Bauer bis hin zu USPD-Führern wie Hugo Haase und Adolph Hoffmann. In SPD-Kreisen, etwa im *Vorwärts* oder der *Neuen Zeit*, wurde sie von Max Beer und Gustav Mayer mit der Einschränkung, dass sie von einem Parteiaussteiger verfasst sei, begrüßt. Eine vollständige Übereinstimmung konnte Kautsky nur bei Pawel Axelrod verzeichnen.

Kautskys Büchlein über die proletarische Diktatur, so erinnert sich Friedrich Adler, sei »vom stärksten Willen diktiert, die deutsche Arbeiterbewegung im Moment des Kriegsendes von der Befolgung des russischen Beispiels abzuhalten«.[85]

Kriegsschuld und keine Sozialisierung

Am 9. November 1918 siegte in Berlin die Revolution; die Republik wurde ausgerufen. Der aus jeweils drei führenden Mitgliedern von SPD und USPD zusammengesetzte Rat der Volksbeauftragten übernahm die Regierung und stimmte der sofortigen Unterzeichnung des Waffenstillstandsvertrages von Compiègne zu. In die einzelnen Ministerien wurden Beigeordnete Staatssekretäre der beiden Arbeiterparteien berufen. Karl Kautsky zog für die Unabhängigen ins Auswärtige Amt ein, obwohl er zu dieser Zeit noch österreichischer Staatsbürger war; einen deutschen Pass erhielt er erst zwei Monate später.

Was tun als einer von zwei sozialdemokratischen »Aufsehern« – von der SPD fungierte Eduard David – im vormals kaiserlichen Amt? Der zunächst noch weiter amtierende Staatssekretär (Außenminister) Wilhelm Solf gewährte ihm nur partielle Einsichten in die laufenden Geschäfte. Kautsky mühte sich, kritisierte seinen Chef und beteiligte sich mit Erfolg an der Suche nach einem Nachfolger für ihn, er war insgesamt aber nicht zufrieden. Nur, wer als Freischaffender konnte in diesen Zeiten 1000 Mark monatlich als verlässliches Salär entbehren? Andere Jobangebote wie eine Professur an der Berliner oder der Münchener Universität lehnte er ab, weil ihm zum Lehramt sowohl Neigung als vielleicht auch Fähigkeit fehlten. Kautsky begann, sich verstärkt für die im Auswärtigen Amt gelagerten geheimen Akten zum Weltkrieg zu interessieren, zumal Gerüchte aufkamen, dass Beamte bereits an die Vernichtung derselben gegangen seien. Außerdem hatte Kurt Eisner als bayrischer Ministerpräsident bereits die ersten Aktenstücke veröffentlichen lassen.

Natürlich äußerte sich Kautsky in mehreren, oftmals mehrteiligen Artikeln zu den revolutionären Ereignissen, ihren Aufgaben und ihrem Fortgang. Für ihn war die Revolution eine sozialistische, in der die Arbeiterklasse die politische Macht erobert habe und ausbaue. Die Arbeiter- und Soldatenräte spielten für ihn beim Zerbrechen der bestehenden politischen Institutionen sowie der Selbstorganisation des Proletariats eine wichtige Rolle. Entscheidend wurde aber für ihn die schnell zu wählende Nationalversammlung, die eine demokratische, sozialistische Republik errichten werde. Demokratie statt Rätediktatur, der englische und nicht der russische Weg, so lautete seine Losung.

Als Spezialist für marxistische Ökonomie meinte Kautsky: Die soziale Umwälzung, die wichtigste Aufgabe dieses neuen Staatsgebildes, benötige wesentlich mehr Zeit. Zunächst müsse die durch den Krieg ruinierte Produktion zur Versorgung der Bevölkerung wieder in Gang gebracht und eine hohe

Produktivität erreicht werden. Erst dann könne gegen eine festzusetzende Entschädigung begonnen werden, »ohne Weiteres sämtliches großes Grundeigentum an Bergwerken, Wäldern und großen Gütern (etwa über 100 Hektar) sowie sämtlichen städtischen Grundbesitz (ohne die darauf stehenden Häuser) zu Staatseigentum zu erklären«.[86]

Als am 18. November 1918 das Kabinett beschloss, eine Sozialisierungskommission zu installieren, um sich entsprechende Entscheidungsvorschläge zuarbeiten zu lassen, übernahm Kautsky den Vorsitz. Die Mitglieder des Gremiums arbeiteten trotz aller widrigen Bedingungen aktiv, legten drei Monate später ihre Papiere vor, fanden allerdings keinerlei Beachtung durch die Reichsregierung und traten im April 1919 zurück. Ähnlich erging es einer weiteren Sozialisierungskommission, die 1920 zusammentrat und der Kautsky ebenso angehörte.

In seinen Darlegungen operierte Kautsky gern mit historischen Beispielen, um zu zeigen, dass die sozialistische Revolution aufgrund der ständig wachsenden Stärke des Proletariats völlig anders als eine bürgerliche verlaufe. Er zog daraus den Schluss, dass der Klassengegner gezwungen werden könne, die parlamentarischen Spielregeln einzuhalten.

Zwei das Gegenteil beweisende Lehrstunden wurden Kautsky um die Jahreswende 1918/19 erteilt. In der Nacht zu Heiligabend gingen mit Billigung der SPD-Mitglieder des Rates der Volksbeauftragten und hinter dem Rücken der USPD-Mitglieder dieses Rates Truppen gegen die im Berliner Schloss und im Marstall lagernde revolutionäre Volksmarinedivision vor. Aus Protest dagegen traten die USPD-Mitglieder am 29. Dezember aus der Regierung aus. Am 4. Januar setzte das Kabinett den unabhängigen Sozialdemokraten Emil Eichhorn als Berliner Polizeipräsidenten ab – Anlass für die vom 5. bis 12. Januar währenden Januarkämpfe.

Kautsky arbeitete für die USPD in dem sich zusammenfindenden Schlichtungsausschuss mit und spielte, wie sein Sohn Karl, der täglich mit seinen Eltern telefonierte, feststellte, »die, wie immer, undankbare Rolle des Vermittlers«.[87] Die bewaffneten Auseinandersetzungen endeten mit einem Sieg der vom neuen Mitglied des Rates der Volksbeauftragten, dem Sozialdemokraten Gustav Noske, kommandierten konterrevolutionären Einheiten sowie mit der Ermordung von Rosa Luxemburg und Karl Liebknecht am 15. Januar. Am gleichen Tag gegen 14 Uhr wurde Kautsky in seiner Wohnung verhaftet. Er sollte enge Kontakte zu Rosa Luxemburg unterhalten haben. Als das dem (faktischen) Reichskanzler Friedrich Ebert zu Ohren kam, ordnete er die sofortige Freilassung an.

Mit dem Austritt der USPD-Funktionäre aus dem Rat der Volksbeauftragten endete Kautskys Tätigkeit im Auswärtigen Amt. Allerdings wurde ihm ausdrücklich bestätigt, weiter an der Herausgabe der Kriegsschuldakten arbeiten zu dürfen. Auch seine Tätigkeit in der Sozialisierungskommission setzte er fort.

Für Kautsky war schon seit Längerem klar, dass Deutschland die Hauptschuld am Weltkrieg zukomme, selbst wenn er das unter den Zensurbedingungen des Weltkrieges in Deutschland nicht hatte öffentlich sagen können.[88] Als Gesandter der USPD verkündete er auf der Internationalen Sozialistenkonferenz Anfang Februar 1919 dann in Bern unmissverständlich: »An der Schuld der deutschen Regierung ist in keiner Weise mehr zu zweifeln, und man muss schon sehr alle Skepsis gegenüber seiner Regierung verloren haben, wenn man heute noch die Schuldfrage für nicht geklärt ansieht und glaubt, es sei noch notwendig, sie offenzulassen.«[89]

Er meinte, mit einem solchen Bekenntnis könne die neue deutsche Republik international wieder Vertrauen erlangen; und er hoffte, dass dadurch ein im Vergleich zu den Waffenstillstandsbedingungen milderer Friedensvertrag möglich werde. Diesem Zweck sollte auch die Veröffentlichung der diplomatischen Akten des Sommers 1914 dienen. Da unterdessen die Friedensverhandlungen in Versailles begannen, drückte die Zeit. Er gewann vier Mitarbeiter und konnte am 26. März Brockdorff-Rantzau, dem seit Ende Dezember amtierenden neuen Außenminister, berichten, dass in den nächsten Tagen die Ausgabe druckfertig vorliegen wird.

Zwischenzeitlich hatte am 13. Februar unter dem Sozialdemokraten Philipp Scheidemann das erste Kabinett der für die

Weimarer Republik typischen Koalition aus SPD, Zentrums- und Deutscher Demokratischer Partei die Tätigkeit aufgenommen. Am 7. März wurde aus London bekannt, dass für die Entente-Mächte die Schuld Deutschlands für den Krieg unzweifelhaft feststehe. Wozu also noch das deutsche Schuldeingeständnis?

Da die Weltkriegsdokumente ohne Erklärungen erscheinen sollten, ging Kautsky ab Frühsommer 1919 daran, unter dem Titel »Wie der Weltkrieg entstand« einen entsprechenden Kommentar zu verfassen. Er sollte unmittelbar nach der Herausgabe der Aktenbände auf den Markt kommen. Mitte September 1919 fragte ein Journalist bei Kautsky an, ob es stimme, dass sein Dokumentenmaterial von Graf Montgelas und Professor Schücking herausgegeben werde. Kautsky empörte sich, konnte aber bald feststellen, dass die beiden Bearbeiter seine Zusammenstellung schätzten und ihn ohne Vorbehalte in die Endfertigung einbezogen. Daneben beendete er am 1. November sein Weltkriegsbuch. Der dafür gewonnene Verleger Paul Cassirer vereinbarte mit ausländischen Medien Übersetzungen und die Vorabveröffentlichung von längeren Auszügen. Doch die Herausgabe der Weltkriegsdokumente wurde immer weiter herausgezögert.

Am 26. November 1919 kündigte die *Times* unter der Überschrift »Des Kaisers Schuld« an, am kommenden Samstag »umfassende Auszüge aus der Sammlung offizieller deutscher Dokumente« zu bringen, die »Herr Carl Kautsky, der gut bekannte deutsche sozialistische Schriftsteller« im Auswärtigen Amt durchgesehen hat, um »die persönlichen und politischen Verantwortlichkeiten für den Krieg nachzuweisen«.[90] »Der Kautsky-Skandal«, so titelte die konservative *Deutsche Tageszeitung*, war perfekt. Dieser tschechische Jude, »der weder der Nationalität noch der Rasse noch der Staatsangehörigkeit nach ein Deutscher ist, hat die ›Kautsky-Akten‹ zusammengestellt und sein Buch geschrieben, um die ›Schuld‹ Deutschlands am Kriege den Feinden als Material zu verbriefen und möglichst vielen Deutschen glaubhaft zu machen.«[91]

Revisionen I

Endlich, am 10. Dezember 1919, wurden auf einer Pressekonferenz die vier Dokumentenbände präsentiert. Spätestens am 12. Dezember lag auch das Kautsky-Buch auf dem Ladentisch, in dem er klar formulierte: Es waren »die Machthaber Deutschlands, die den Krieg entfesselten«.[92] Mindestens sieben namhafte Autoren traten nun auf den Plan und verfassten Gegenschriften. Kautsky antwortete allein Hans Delbrück, dem bekanntesten seiner Widersacher, mit dem Pamphlet »Delbrück und Wilhelm II. Ein Nachwort zu meinem Kriegsbuch«, das im Mai 1920 herauskam. Einige der dort enthaltenen Formulierungen, die wohl für den akademischen Diskurs, aber nur schwer für den Tagesgebrauch geeignet waren, beschäftigen im Jahr darauf mehrfach den Reichstag.

Am 5. März 1921 zitierte Gustav Stresemann, Vorsitzender der nationalliberalen Deutschen Volkspartei und bald Kanzler der Weimarer Republik, im Reichstag genüsslich aus Kautskys Anti-Delbrück: »Deutschland hat auf den Weltkrieg nicht planmäßig hingearbeitet, es hat ihn schließlich zu vermeiden gesucht.« Damit sei Kautsky »zum Verteidiger der deutschen Regierung der Entente gegenüber geworden«.[93]

Am 17. März folgte eine weitere stürmische Kriegsschuldaussprache. Bernstein (seit Ende 1918 wieder SPD), Breitscheid und Dittmann (beide USPD) verteidigten Kautsky. Er selbst unterstrich, er habe von den Resultaten her keinerlei Anlass, auch nur ein Wort von dem zurückzunehmen, was er in seinem Kriegsbuch geschrieben habe. Die politischen Gegner dagegen verkündeten: Kautsky sei umgefallen, er habe widerrufen, auch er spreche jetzt Deutschland von der Kriegsschuld frei.

Ähnliches vollzog sich beim Thema Sozialisierung. Schritt für Schritt musste Kautsky einsehen, dass auf diesem Gebiet keine praktischen Erfolge mehr zu erzielen waren. Also veröffentlichte er am 13. Juni 1920 in der Wiener *Arbeiter-Zeitung* einen Artikel, der zwei Tage später vom *Vorwärts* vollständig nachgedruckt wurde. Kautsky forderte ein neues, anders akzentuiertes Vorgehen: Dieses ist »leider noch nicht das einer sofortigen Durchführung des Sozialismus [...]. Der furchtbare Krieg mit den wahnsinnigen Friedensbedingungen der Entente hat den Produktionsprozess aufs Tiefste erschüttert. Ihn [auf kapitalistischer Basis] aufs rascheste in Gang zu bringen, ist das dringendste Gebot.«[94]

Eine Steilvorlage für den Gegner. Kautsky wurde erneut im Parlament vorgeführt. Reichstagsabgeordnete des Zentrums und der Deutschen Volkspartei verwendeten im August 1920 Zitate. Georg Ledebour versuchte, mit einem Zwischenruf zu korrigieren. Umsonst. Karl Helfferich, ehemals Vizekanzler des Kaiserreichs und nunmehriger führender Vertreter der rechtskonservativen Deutschnationalen Volkspartei, ging drei Monate später im Parlament erneut ausführlich auf diesen »ungewöhnlich vernünftigen Artikel, selbst für Herrn Kautsky« als einen ernsthaften Beitrag gegen jegliche Sozialisierungsbestrebungen ein.[95]

Zwischen allen Stühlen

Eine zunehmend wichtiger werdende Aufgabe sah Kautsky ab November 1918 darin, durch dauerhafte Verständigung den Zusammenschluss der beiden sozialdemokratischen Parteien zu befördern. Hier drückte ihn das schlechte Gewissen, denn zu deren Spaltung hatte er ab 1915 – unwillentlich – beigetragen. Die Euphorie des *Vorwärts*, der in seiner Extraausgabe vom 10. November 1918 meinte, mit dem Einsetzen des Rates der Volksbeauftragten sei die Vereinigung zwischen SPD und USPD vollzogen, teilte er nicht. Zwei Vorbedingungen sollten seiner Meinung nach erfüllt werden: Übereinstimmung in den wichtigsten Sachverhalten und stabiles Vertrauen zu den leitenden Personen der Gegenseite. Auch nach dem Regierungsaustritt der USPD-Mitglieder appellierte Kautsky Anfang Januar 1919 weiter für die Einigung des sozialistischen deutschen Proletariats als Erfordernis für das Weitertreiben der Revolution. Deutlich stellte er drei Monate später im *Vorwärts* heraus: »Ich persönlich wäre für eine Einigung mit den Kommunisten nicht zu haben. Auf der anderen Seite könnte ich mich auch mit Noske schwer einigen.« Es gehe darum, »die Rechte der USP und die Linke der SPD wieder zusammenzubringen«.[96]

In diesem Sinne setzte er im Juni 1919 den Schlusspunkt unter seine bereits im Sommer 1918 begonnene Broschüre »Terrorismus und Kommunismus«. Er grenzte sich nach beiden Seiten ab: »Die Erbsünde des Bolschewismus ist seine Verdrängung der Demokratie durch die Regierungsform der Diktatur«, gleiches gelte jedoch auch für das »Blutregime Noskes« wie für die »Rätediktatur« in München und Bremen.[97]

Für die Kommunisten war der Zentrist Kautsky in der proletarischen Bewegung schon lange der Hauptfeind. Aber auch in der sich rasch nach links entwickelnden USPD war er bald nur noch geduldet; von Mitte 1919 bis Ende 1920 blieben ihm deren Presseorgane sogar weitgehend verschlossen. Die SPD hingegen berief sich wieder stärker auf Kautsky. Anlässlich seines 65. Geburtstages wurde im *Vorwärts* hervorgehoben: »Kautsky ist nicht nur stiller, in die Gelehrtenstube zurückgezogener Wissenschaftler, sondern aktiver Politiker«, dessen »wissenschaftliches Urteil heute unserer Staatsauffassung wesentlich recht gibt«.[98]

Der vom 30. November bis 6. Dezember 1919 in Leipzig tagende außerordentliche Parteitag der unabhängigen Sozialdemokratie, an dem Kautsky nicht teilnahm, beschloss, die Diktatur des Proletariats bzw. das Rätesystem programmatisch anzuerkennen und mit der II. Internationale zu brechen. »Mein weiteres Verbleiben in der USPD«, notierte Kautsky danach, »wäre nur eine Verlegenheit für die Partei wie für mich, für keinen von uns ein Gewinn. Ich muss daher die Konsequenz dieser schmerzlichen Tatsache ziehen und aus der Organisation meiner Freunde ausscheiden.«[99] – Allerdings ließ er sein mit »Ein Abschied« überschriebenes Papier in der Schublade. Diese Monate erlebte er als Höhepunkt seiner Isolierung in der deutschen Sozialdemokratie.

Die schnelle Einigung zwischen USPD und SPD sah Kautsky zu dieser Zeit nicht kommen, erst recht nicht, nachdem am 13. Januar 1920 der Überfall bewaffneter Kräfte auf eine gegen den Betriebsrätegesetzentwurf gerichtete Massendemonstration Berliner Arbeiter vor dem Reichstag 42 Tote und 105 Verletzte gefordert hatte. Der Ausnahmezustand wurde erneut verhängt. Die politische Verantwortung trugen zwei SPD-Mitglieder, der Reichswehrminister Gustav Noske und der preußische Innenminister Wolfgang Heine.

Zwei Monate später ereignete sich der Kapp-Putsch. Ein von den Gewerkschaften und den Arbeiterparteien proklamierter Generalstreik ließ ihn scheitern. Die Regierungen wurden umgebildet, Noske und Heine mussten am 20. März ihre Ämter niederlegen. In diesen Tagen hielt sich eine internationale sozialistische Kommission in Berlin auf, in deren Auftrag Kautsky ein Schreiben an den *Vorwärts* und die *Freiheit* überbrachte, in dem die beiden Parteien zu einheitlichem Handeln aufgefordert wurden. Er legte einen Dreizeiler bei, dass er diesem Aufruf vollen Herzens zustimme. Folgerichtig sprach er am 28. März auf der im Zirkus Busch abgehaltenen, von mehr als 5000 Teilnehmern besuchten Versammlung zur Einigung der Sozialdemokratie gegen die Reaktion – das größte Auditorium für den so selten auf öffentlichen Zusammenkünften auftretenden Redner.

Die Einheit der Arbeiterbewegung im internationalen Rahmen erblickte Kautsky als Wiederbelebung der II. Internationale. Die gerade entstehende, von zentristischen Parteien geprägte Internationale Arbeitsgemeinschaft Sozialistischer Parteien (Wiener Internationale, Vorsitzender Friedrich Adler) lehnte er ab. Er würde sich, wenn er sich vor die Entscheidung gestellt sehe, der Sozialistischen Internationale anschließen, selbst wenn das seinen Ausschluss aus der USPD bedeute. Er habe auch nichts dagegen, dass der Parteivorstand der SPD dem im Sommer 1920 stattfindenden internationalen Kongress in Genf zwei Exemplare seiner Druckschrift »Demokratie oder Diktatur« übersende, getragen von der Einschätzung, dass Kautskys »Darstellung völlig die Auffassungen wiedergibt, die die deutsche Sozialdemokratie in dieser Frage hat«.[100]

Spätestens jetzt entstand in der USPD der »Fall Kautsky«. Es ging nicht mehr um die Widerlegung seiner Ansichten, sondern um seinen Parteiausschluss, den gleich mehrere Ortsvereine beantragten. Zwar wurde allgemein anerkannt, dass Kautskys Einfluss in »seiner« Partei gering sei; selbst Trotzki meinte in seiner Anti-Kautsky-Schrift, dass er »eine wenig maßgebende und ziemlich lächerliche Figur«[101] abgebe. Dennoch überhöhten die Führer der Kommunistischen Internationale (KI) absichtlich seinen Einfluss, um den in der internationalen Arbeiterbewegung auf Gleichberechtigung drängenden Kräften »Kautskyanertum« unterstellen und entsprechend massiv auftreten zu können. Auf dem II. Weltkongress der Kommunistischen Internationale im Sommer 1920 setzen die Bolschewiki die 21 Aufnahmebedingungen durch, in denen es unter anderem hieß, »dass notorische Opportunisten« wie Kautsky kein recht hätten, »als Angehörige der III. Internationale zu gelten«. Daraufhin erklärte Ernst Däumig, einer der beiden USPD-Vorsitzenden, wenn der speziell für den Anschluss an die neue Internationale einberufene Kongress seiner Partei diesen Schritt beschlösse, dann sei »von vornherein kein Platz mehr für Leute wie Kautsky, die so viel Ehrlichkeit haben müssten, um der Partei vor aller Welt Adieu zu sagen«.[102]

In einem Brief versuchte Kautsky zu erklären, warum er auch jetzt noch bei den Unabhängigen verbleibe, »trotz des kommunistischen Bodens«, auf den sie sich gestellt haben. Es sei zwar sentimental, aber er könne »die Kriegszeit nicht vergessen«, und es widerstrebe ihm, »den Kameraden aus jener schweren Zeit den Fußtritt zu versetzen, um demonstrativ zugunsten jener aufzutreten, die sich damals so schäbig benommen«.[103] – Selbst bei Gattin Luise fand er kein Verständnis dafür, keine Konsequenzen zu ziehen.

Im Hintergrund spielte bei Kautsky immer die Bestrebung mit, sich wieder einen Posten mit einem festen Einkommen zu verschaffen. Den Internationalen Sozialistenkongress in Bern ließ er wissen, »dass er jetzt ohne jede amtliche Stellung ist« und »nach wie vor das Hauptgewicht [...] auf die Zusammenarbeit mit der Internationale legt«.[104] Keine Reaktion. Verstärkt blickte er nach Wien, zumal alle drei Söhne sich nach dem Weltkrieg dort niederließen, Familien gründeten, Luise und ihm Enkelkinder bescherten. Beide zogen schon seit Mitte 1919 eine Übersiedelung in Erwägung. Seinem Noch-Freund Otto Bauer, der in den vom Sozialdemokraten Karl Renner geführten Regierungen bis Juli 1919 das Außenministerium leitete, bot er an, für Deutschösterreich einen Gesandtenposten zu übernehmen. Dazu sei ein Sozialdemokrat weniger geeignet als ein in praktischen wirtschaftlichen Dingen geschulter Beamter, antwortete Bauer. Er schlug Kautsky in Wien eine Bibliotheksanstellung oder die Leitung eines zu gründenden Instituts zur Geschichte des Sozialismus vor. Beides zerschlug sich. Daher befasste sich im Februar 1920 der Parteivorstand der österreichischen Sozialdemokratie mit Kautskys Problem. Sein Vorschlag: Kautsky publiziere vorwiegend in seinen Verlagen, Zeitschriften etc. Mit einem »Pauschal-Jahresbezug« des Verlages der Wiener Volksbuchhandlung, einem »fixen Jahresbezug« vom *Kampf*, der Monatsschrift der österreichischen Sozialdemokratie, und einem höheren »Artikelhonorar« von der *Arbeiter-Zeitung*, so erläuterte Otto Bauer, sollte es unschwer möglich sein, ihm eine Existenzbasis in Wien zu schaffen. Natürlich wäre damit der Umzug nach Österreichs Hauptstadt verbunden, wodurch sich seine Mitgliedschaft in der USPD von selbst erledige.

Die Kautskys überlegten. Das Für und Wider wurde völlig durcheinander gewürfelt, als am 4. Juli 1920 ihn mit Adolf Braun, Richard Fischer und Paul Löbe führende SPD-Funktionäre besuchten. Sie schlugen vor, dass er sich an der Ausarbeitung des neuen Parteiprogramms beteiligte, forderten ihn auf, in Deutschland zu bleiben, der SPD wieder beizutreten und stellten in Aussicht, nach seinem Eintritt in die SPD »wieder Herr der *N[euen] Z[ei]t* zu werden«[105]. Schließlich baten sie ihn, als Vertreter der Mehrheits-SPD nach Genf auf den Internationalen Sozialistenkongress zu gehen. Kautsky sagte in der Programmfrage zu, hielt das *Neue Zeit*-Problem für die Zeit nach der Vereinigung offen, lehnte den internationalen Auftritt für die SPD aber ab.

Einen vorläufigen Ausweg aus diesem Konflikt bot die transkaukasische Studienreise. Die in der Demokratischen Republik Georgien regierende menschewistische sozialdemokratische Partei hatte hervorragende Vertreter der Internationale in ihr Land eingeladen, um ihnen zu ermöglichen, sich ein

Kautsky (am Tischende hinten links) zusammen mit dem Zentralkomitee der Gewerkschaft des georgischen Staatseisenbahnpersonals 1920.

eigenes Urteil über Lage und Leitung eines nichtbolschewistischen, zum Sozialismus strebenden Staates im Orient zu bilden. Besonders war der georgischen Partei an Kautsky, ihrem geliebten Lehrer, gelegen, der auf dem 2. Parteikongress Anfang Juli 1920 zum Ehrenvorsitzenden gewählt wurde. Karl und Luise nahmen diese Einladung sehr gern an. Die im August beginnende Reise führte über Rom. Hier mussten sie sich aus gesundheitlichen Gründen von der zehnköpfigen Delegation trennen. Sie trafen 14 Tage später in Tiflis ein und blieben bis Anfang 1921.

Die Begrüßung war sehr herzlich. Kautsky wurde in vielen politischen Fragen konsultiert, besonders über die einzuführende Verfassung. Auch bereisten sie das Land. Heimweh und Anzeichen des drohenden Einmarsches bolschewistischer Truppen beschleunigten jedoch die Rückkehr.

Im Januar 1921 kamen sie in Wien an und wohnten bei Karl jun., bei dem sie ihre erste, mittlerweile schon fast drei Monate alte Enkeltochter kennenlernten. Kautsky vervollständigte seine auf der Reise verfassten Aufzeichnungen, die in der Wiener Volksbuchhandlung als »Georgien. Eine sozialdemokratische Bauernrepublik« erschienen. Erste Jugenderinnerungen für die Familie wurden von ihm niedergeschrieben.

»Dass Ihr das Bedürfnis habt, in Wien bei Euren Kindern zu bleiben«, hielten die Bernsteins für begreiflich, »und politisch hat Karl vielleicht dort noch einen besseren Wirkungskreis wie hier«[106] in Berlin. Doch nichts war entschieden. Ende Mai 1921 zog es Kautsky wieder in die Metropole der Weimarer Republik, während Luise noch einige Wochen in Wien blieb.

Endlich Einheit

In den vergangenen neun Monaten hatte sich die Situation in der deutschen sozialistischen Bewegung deutlich verändert. Die USPD hatte sich im Oktober 1920 gespalten, ihre Mehrheit sich zwei Monate später mit der KPD vereinigt. Für die verbliebenen Unabhängigen, die zwar das Sowjetsystem ablehnten, aber an der Diktatur des Proletariats festhielten, jegliche bürgerliche Koalitionspolitik ausschlugen, mit sofortiger Sozialisierung beginnen und die Machtfrage mit allen Mitteln, nicht allein durch Parlamentsaktionen, lösen wollten, stand Kautsky nach wie vor zu weit rechts. Außerdem traten am 10. Mai 1921 wieder drei SPD-Minister in die nunmehr vom Zentrumspolitiker Joseph Wirth gebildete Regierung ein.

Die unabhängigen Sozialdemokraten bekräftigen auf dem Kongress in Leipzig im Januar 1922 ihre Grundsätze: Klassenkampf und keine Koalitionen mit bürgerlichen Parteien. Zwei Monate später nahmen sie Mitglieder der von Paul Levi und Ernst Däumig angeführten Kommunistischen Arbeitsgemeinschaft (KAG) auf. In der KAG hatten sich jene zusammengefunden, die wegen ihrer Kritik an der auf Betreiben der Kommunistischen Internationale erfolgten putschistischen Politik der Partei im März 1921 aus der KPD ausgeschlossen worden waren.[107] Kautsky war wütend und schickte einen offenen Brief an die USPD-Zentrale, der zuerst im *Vorwärts* abgedruckt wurde. Er könne sich wohl damit abfinden, »ein Häuflein bankrotter Kommunisten als Parteigenossen zu bekommen«. Allerdings sei damit der »Kriegsruf gegen die SPD« verbunden, denn wie sollten sich jetzt noch alle »ehrlichen revolutionaren Klassengenossen« aus dieser Partei der USPD anschließen. Dagegen müsse er »schärfsten Protest« einlegen. »Ihr mit Eurem Anhang«, klagte er an, »seid dadurch die Hauptschuldigen geworden an dem Fortbestehen der Spaltung [...]. Da die Einigung des deutschen Proletariats der Hauptzweck meines Lebens geworden ist, wird es mir unmöglich, dieser schweren Schädigung des deutschen und damit des internationalen Sozialismus gegenüber stillzuschweigen. Das würde mich zum Mitschuldigen an eurem Tun machen.«[108]

Dennoch verließ er die USPD nicht. Er stehe beiden sozialdemokratischen Parteien gleich nahe und könne daher mit jeder von ihnen für die große gemeinsame Sache wirken.

Die Einigungsdebatte wurde ordentlich befeuert, als Ende Mai 1922 Kautskys 18-seitiger Beitrag »Mein Verhältnis zur Unabhängigen Sozialdemokratischen Partei« zuerst im *Sozialist* und umgehend als Broschüre gedruckt wird. Er schrieb: »Unsere Parole muss sein: Es lebe die geeinigte Sozialdemokratie!«[109]

Mitunter war jetzt sogar von Kautskys Einigungskampagne die Rede. Diskutiert wurde, ob erst Einigung und dann gemeinsames Programm, wie er und die SPD vorgeschlagen hatten oder ob der umgedrehte, von USPD-Führern bevorzugte Weg gegangen werden sollte.

In der Hauptsache wurde um die Regierungsbeteiligung gestritten. Bislang hatte Kautsky – siehe seine »Kautschukresolution« von 1900 – einen solchen Schritt der Sozialdemokratie lediglich als Ausnahmeregelung in einer Notsituation gebilligt. Nunmehr verwies auf sein in wenigen Tagen erscheinendes, 340 Seiten umfassendes Buch »Die proletarische Revolution und ihr Programm«. In Anlehnung an Marx hielt er für den Weg vom Kapitalismus zum Sozialismus eine Übergangsregierung für notwendig, allerdings nicht wie dieser als eine Diktatur des Proletariats, sondern in der Form des Verbundes mehrerer Parteien als eine demokratische Republik: »Zwischen der Zeit des rein bürgerlich und des rein proletarisch regierten demokratischen Staates liegt eine Periode der Umwandlung des einen in den anderen. Dem entspricht auch eine politische Übergangsperiode, deren Regierung in der Regel eine Form der Koalitionsregierung bilden wird.«[110] Kautsky wünschte, dass die Diskussion darüber nicht gleich wieder abreißen möge.

Der Damm brach, als am 24. Juni 1922 Außenminister Walther Rathenau ermordet wurde. Ministerpräsident Wirth (Zentrumspartei) erklärte, dass der Feind von rechts die Republik bedrohe. Protestkundgebungen, Demonstrationen und Streiks wurden durchgeführt, zunächst von den drei Arbeiterparteien und den beiden Gewerkschaftsverbänden gemeinsam initiiert. Die Reichstagsfraktionen von SPD und USPD bildeten am 14. Juli eine Arbeitsgemeinschaft, sechs Wochen später begannen die offiziellen Verhandlungen zur Vereinigung, Parteitage fassten Mitte September entsprechende Beschlüsse. In beiden wurde mehrfach auf Karl Kautsky Bezug genommen, vorwiegend auf sein Programmbuch. Am 24. September 1922 schlossen sich beide Parteien in Nürnberg zur Vereinigten Sozialdemokratischen Partei Deutschlands (VSPD, bis 1924) zusammen. Kautsky selbst konnte nicht anwesend sein; eine Operation am linken Auge, dessen Netzhaut sich abzulösen begonnen hatte, erforderte längere Zeit absolute Ruhe. Dennoch wurde er auf dem Vereinigungsparteitag unter lebhaftem Beifall mit dem Vorsitz der Kommission für das neue Parteiprogramm betraut.

Die Vereinigte Sozialdemokratische Partei Deutschlands bildete für ihn das Vorspiel für eine internationale Einigung. Im Mai 1923 entstand in Hamburg aus dem Zusammenschluss der II. Internationale und der Wiener Arbeitsgemeinschaft die Sozialistische Arbeiter-Internationale (SAI). Der französische Sozialist Alexandre Bracke dankte in seiner Begrüßungsrede den Altmeistern der Internationale »und vor allem unserem Genossen Karl Kautsky«.[111]

Heuhaufen in Wien und in Berlin

Seit Sommer 1921 lebten Karl und Luise wieder überwiegend in Berlin. Seine Mitarbeit in den Medien der österreichischen Sozialdemokratie ruhte, konnte aber jederzeit aufgenommen werden, in dem Moment, wenn Wien zum Hauptwohnsitz der Kautskys würde. Doch es lagen auch Angebote der SPD vor. Aber galten die auch für die VSPD? Kautsky erwartete, dass mit der Spaltung auch automatisch deren Folge verschwinde, seine Abberufung aus der *Neuen Zeit*. Er fügte allerdings hinzu, dass es ihm nicht um irgendein Gewohnheitsrecht gehe, sondern um die Einheit der Partei: »Ich würde es sehr wohl verstehen, wenn der Vorstand angesichts meiner 68 Jahre eine jüngere Kraft vorzieht. Es bleibt auch so für mich Arbeit genug zu tun.«[112]

Arbeit schon, aber auch Geld? Die *Neue Zeit* stellte im August 1923 ihr Erscheinen ein, die Redaktion des 1924 aufgelegten Nachfolgeorgans *Die Gesellschaft* wurde Rudolf Hilferding übertragen. Kurzzeitig mussten die Kautskys auf Pump leben, sodass Ende 1922 Heinrich Braun erneut seine Hilfe anbot. Doch unterdessen waren Honorare von der Sowjetregierung (500 000 Mark für frühere Übersetzungen) sowie von den Sozialdemokratischen Parteien aus Bulgarien, Dänemark, Ungarn und der Tschechoslowakei eingegangen. Das brachte eine Entspannung, allerdings nur kurzzeitig. »Im Jahr 1923 war meine finanzielle Lage sehr prekär«, schrieb Kautsky am Ende des Folgejahres. »Die Inflation hatte alles verschlungen, was mir an Ersparnissen geblieben war; der Absatz meiner Bücher stockte.«[113]

Im Mai 1924 erfuhr Kautsky, der sich zusammen mit Luise seit Sommer 1923 fast ununterbrochen in Wien aufhielt, dass die VSPD ihm seine Altersversorgung – er hatte seit 1900 bzw. 1902 regelmäßig in den Unterstützungsverein des Vereins Arbeiterpresse eingezahlt – auch dann gewähren werde, wenn er sich im Ausland aufhalte, eine Ausnahmeregelung für den mehr als 40 Jahre lang tätigen Redakteur und Publizisten. 320 Goldmark, das waren 80 Prozent des Gehalts eines Parteizeitungschefredakteurs, gingen ihm ab sofort monatlich zu. Jetzt seien sie aller Sorgen ledig, jubelte Luise. Außerdem wurde von der SAI auf Initiative der dänischen Sozialdemokratie für alle Fälle ein »Kautsky-Fonds« eingerichtet. Auch ihr Wohnungsproblem konnten die Kautskys – wenngleich erst nach langwieriger Suche – endlich lösen: Etwas Passendes fanden sie in der Haizingergasse 47.

Mitte August 1924 erfolgte der Umzug. In einem zehn Seiten langen Brief an den VSPD-Vorstand versicherte Kautsky, auch weiterhin für die Partei tätig sein zu wollen. Bernstein offenbarte er: »Abgesehn von den Kindern habe ich mehr und herzlichere persönliche Beziehungen in Berlin als in Wien, und in Berlin werden wichtigere Entscheidungen fallen als im hiesigen Froschteich. Aber die Kinder und namentlich die heranwachsenden Enkel sind doch übermächtig, und in die aktive Politik noch einzugreifen, fühle ich mich zu alt und zu müde. [...] Ich denke, mich ganz aufs Bücherschreiben zurückzuziehn. Und das kann ich hier auch.«[114] Am 1. Januar 1925, fast 50 Jahre nach seinem Ersteintritt, wurde er wieder Mitglied der österreichischen Sozialdemokratie.

Genau diese Idee – Karl Kautsky als Theoretiker des Marxismus – bestimmte die im Herbst 1924 zu seinem 70. Geburtstag stattfindenden Feierlichkeiten. Sie begannen am 29. September in London. Die hier anlässlich des 60. Gründungsjubiläums der I. Internationale weilenden Mitglieder der Exekuti-

Eduard Bernstein (links) und Karl Kautzky Ende der 1920er-Jahre.

ve der SAI und deren Ehrengäste, darunter Kautsky und Luise, beglückwünschten in einer geselligen Zusammenkunft ihren Lehrmeister. Schriftliche Würdigung erfuhr er in drei ihm gewidmeten Sammelbänden: in einem *Kampf*-Sonderheft, in einem der *Gesellschaft* sowie in der Festgabe »Der lebendige Marxismus«. Im gleichen Jahr erschien »Die Volkswirtschaftslehre der Gegenwart in Selbstdarstellungen«, wo Kautsky auf mehr als 30 Seiten seinen Lebensweg schilderte. Am 16. Oktober, dem eigentlichen Geburtstag, fand in den Amtsräumen des sozialistischen Bürgermeisters von Wien, Karl Seitz, eine Feier statt. Im *Vorwärts* waren an diesem Tag drei umfassende Beiträge dem kautskyschen Werk gewidmet. Die Parteifunktionäre Groß-Berlins versammelten sich fünf Tage später, um ihn zu ehren. Zahlreiche Glückwunschschreiben gingen dem Jubilar zu, darunter die des Präsidenten der deutschen Republik, Friedrich Ebert, und der tschechoslowakischen Republik, Tomáš G. Masaryk. Die praktischen politischen Unternehmungen Kautskys in Deutschland bzw. in der deutschen Sozialdemokratie fanden in all diesen Äußerungen ausgesprochen selten Erwähnung. Nur Friedrich Adler ging mit seinem Beitrag im *Kampf* über »Die Lüge von der Kriegsunschuld« explizit auf ein solches Thema ein.

Revisionen II

An seinem großen theoretischen Werk über die materialistische Geschichtsauffassung saß Kautsky seit Anfang 1920. Er schrieb, mehrfach unterbrochen, viel, verwarf bereits ausgearbeitete Teile, änderte die Gesamtkonzeption, verzettelte sich. 1925 kamen erste Anfragen, wann denn mit dem Materialismusbuch zu rechnen sei. Erst im September 1927 vermochte Kautsky den Schlusspunkt unter knapp die 1800 Seiten zu setzen. Der Zweibänder »bildet die Quintessenz meiner Lebensarbeit«, vermerkte er im Vorwort. Er widmete es »seiner teuren Luise, der Mutter meiner Söhne, dem treuen Kameraden, der unermüdlichen und verständnisvollen Helferin bei meiner Arbeit, der begeisterten, tapferen Verfechterin unserer gemeinsamen Ideale«.[115]

Kautsky versuchte die Begründung des historischen Materialismus auf einem für ihn neuen Wege, nämlich durch die Anwendung der naturwissenschaftlichen Methode auf die Erforschung der Gesellschaft. So werde es möglich, die biologische Entwicklung der Organismen und die der Entwicklung der menschlichen Gesellschaften auf das gleiche Prinzip zurückzuführen: auf die Anpassung der ererbten oder überkommenen Organe der Individuen an die veränderte Umwelt.[116] Der Mensch könne ob seiner Intelligenz und seiner Handfertigkeit die Umwelt verändern. Sein Wille und die Technik seien die Triebkräfte der gesellschaftlichen Entwicklung. Insofern »bin ich heute der Meinung«, fasste Kautsky zusammen, »dass in der Klassengesellschaft wie in der klassenlosen Gesellschaft die soziale Entwicklung in letzter Linie durch den technischen Fortschritt bedingt wird und nicht durch den Klassenkampf«.[117]

Mit dieser philosophischen Betrachtung verwischte Kautsky die Differenzen zwischen den beiden Gesellschaftssystemen bis hin zur Negation. Noch 1918 hatte für ihn die sozialistische Produktionsweise die einzige Möglichkeit dargestellt, zur Befreiung des Proletariats und der Menschheit überhaupt zu gelangen. Dasselbe auf der Grundlage des Privateigentums an Produktionsmitteln zu erzielen, tat er damals als rein hypothetische Fragestellung ab. Nunmehr, 1927, hielt er diesen Weg für eine durchaus zu durchdenkende Möglichkeit, denn: Wenn der ökonomische Fortschritt im Kapitalismus eine solche Milderung der Klassengegensätze erzeuge, »dass die Arbeiter sich unter kapitalistischer Leitung immer wohler fühlen, so müssten wir das offen bekennen und auf unsere sozialistischen Ziele verzichten, ohne dass darin ein Verrat an der Sache der Befreiung der Arbeit zu finden wäre«.[118] Mit Recht vermerkte der *Vorwärts*, dass Kautsky hiermit »die Richtigkeit der marxschen Revolutionsformel [...] infrage gestellt hat«.[119]

Kautskys »Materialistische Geschichtsauffassung« erfuhr unerwartet eine rasche Verbreitung. Die ersten 4000 Exemplare fanden innerhalb eines Jahres den Weg in die Bücherregale – wohl nicht selten als reines Renommierobjekt platziert. 1929 kam die zweite Auflage. Der »kolossale Wurf«, den Kautsky mit diesem Buch versuchte, wurde es nicht, ein Misserfolg ebenso wenig. Er tröstete sich: »Nun, auf jeden Fall habe ich mir's von der Seele geschrieben, und das ist auch etwas.«[120]

Es nahm daher nicht Wunder, dass Kautsky ab Frühjahr 1928 an einem neuen »großen Werk«, diesmal über Krieg und Demokratie, saß. Es ging dabei nicht um Weltpolitik. Er wollte die Auffassung von Angelica Balabanoff, wonach revolutionäre Sozialisten jede kriegerische Auseinandersetzung zwischen imperialistischen Staaten abzulehnen hätten,[121] widerlegen. Ihm war klar, dass ein künftiger Krieg nicht durch eine Publikation zu verhindern sei. Sie könne aber, so hoffte er, dazu beitragen, dass die Internationale sich nicht wieder so zerstritt wie 1914.

Als Parteivorstandsmitglied musste Rudolf Hilferding im Oktober 1931 Kautsky darauf aufmerksam machen, dass in den Zeiten der Weltwirtschaftskrise der Vertrieb umfangreicher historischer Bücher sehr problematisch sei, zumal die finanzielle Situation des Dietz Verlages wie der SPD insgesamt sich recht angespannt gestalte. Kautsky blieb hart, kürzen wollte er nicht, und seine mittlerweile auf zwei Bände angeschwollenen Ausarbeitungen sollten gleichzeitig erscheinen. Der Verlag entgegnete: Wenn wir »auf Wunsch einiger Ihnen sehr nahestehender Genossen uns zur Herausgabe entschlossen haben, dann, lieber Genosse Kautsky, auch nicht aus geschäftlichen, *sondern aus politischen, parteigenössischen und kameradschaftlichen Gründen.* Das muss auch einmal gesagt werden von uns aus, und wir hätten geglaubt, [...] ein Wort des Dankes dafür zu erhalten.«[122]

Ende 1932 kam der erste Band von »Krieg und Demokratie« heraus. Der zweite befand sich im Satz, insgesamt sollten es sogar vier Bände werden. Die Machtübergabe an die Nationalsozialisten verhinderte das weitere Erscheinen.

Nach der Übersiedelung in die österreichische Hauptstadt war Kautsky aus der SPD-Programmkommission ausgetreten. Dem im Juni 1924 abgehaltenen Berliner Parteikongress musste Adolf Braun gestehen, dass neben der immensen Arbeitsüberlastung und dem Misstrauen unter den Parteigenossen auch die durch Krankheit und Auslandsaufenthalt verursachte Abwesenheit Kautskys dazu beigetragen habe, dass kein neues Parteiprogramm vorgelegt werden könne. Ein unter seiner Mitwirkung erstelltes Dokument, »gestützt von seinen Anregungen und Gedanken, wird wohl von einem Parteitag und von der gesamten Parteigenossenschaft viel vorurteilsfreier angenommen werden als ohne Sie«, erwartete Braun.[123]

Nach diesem Lob schrieb Kautsky einen Entwurf für den theoretischen Teil des Programms, der der Kommission als Grundlage diente. Nur geringfügig geändert, wurde das neue Programm am letzten Verhandlungstag des Heidelberger Parteitages 1925 durchgewinkt. In einem Grußschreiben bedauerte es Kautsky, nicht anwesend sein zu können.

War die Unterbrechung beim Verfassen »großer Werke« durch die SPD-Programmatik für Karl Kautsky wohl mehr als eine Anerkennung zu verstehen, so hatte er sich zwei weitere bemerkbare Störungen selbst zuzuschreiben. 1925 und 1930 befasste sich die SAI speziell mit ihrer Haltung zu Sowjetrussland. Sie erwartete, maßgeblich von den Menschewiki beeinflusst, die Überwindung der dortigen diktatorischen Verhältnisse durch die Demokratisierung derselben. Dem musste Kautsky widersprechen: »Wie jeder andere Militärdespotismus, wie die Militärmonarchien der Romanoffs, der Habsburger, der Hohenzollern, dürfte auch er [der Bolschewismus] nur durch Gewalt zu überwinden sein.«[124] Er setzte auf spontane Aufstände des russischen Volkes, vorwiegend auf dem Land, aber auch in den Städten.

Mit diesen Überlegungen fand Kautsky kaum Widerhall, nicht einmal in sozialdemokratischen Kreisen. Erneut zeigte sich: Er war längst aus einem Subjekt der Geschichte zu einem Objekt geworden. Anlässlich seines 75. Geburtstages erschien 1929 eine Biografie, verfasst von Karl Renner. Die SPD sah in Kautsky den Altmeister der marxistischen Theorie, dessen Büste im Parteiarchiv neben denen von Bebel und Marx zu stehen kam. Spätestens Anfang der 1930er-Jahre begriff auch der so Geehrte, dass er von der deutschen, österreichischen und internationalen Sozialdemokratie nur noch als »schmückendes Beiwerk« angesehen wurde. »Kassandra blieb auch isoliert«, meinte er nur wenig selbstironisch.[125]

Gescheitert an sich selbst

1933 gelangten mit Hitler und Dollfuß zwei faschistische Diktatoren an die Macht, die die Arbeiterparteien verboten und – nicht zuletzt in den Februarkämpfen 1934 in Österreich – mit Waffengewalt gegen die Arbeiterbewegung vorgingen. Für den demokratiegläubigen Sozialisten Karl Kautsky stellte das eine Katastrophe dar. Selbstkritisch notierte er: »Gewiss, wir hatten von den deutschen Arbeitern ganz anderes erwartet, als sie uns zeigten; es war entsetzlich zu sehen, dass sie z. T. in hellen Haufen zu den Nazis übergingen [...]. Wir mussten uns gestehen, dass wir uns getäuscht hatten, die Machtverhältnisse der Klassen und Parteien in Deutschland falsch eingeschätzt, die Selbstständigkeit und die Kraft weiter Schichten des deutschen Proletariats überschätzt hatten.«[126]

Doch selbst jetzt hielt er an seinen Auffassungen fest: Die SPD benötige kein neues Programm. Und im Übrigen hätten die österreichischen Arbeiter nicht zu den Waffen greifen dürfen. Weiterhin stand er zu seiner Grundidee vom unaufhaltsamen Fortschreiten der Arbeiterklasse, bis sie am Ende den Staat beherrschen werde. Eine solche Grundidee könne nicht durch die Ereignisse einiger weniger Jahre in einigen wenigen Staaten erschüttert werden. Ebenso dachte Karl Renner, der dem »verehrten Meister« zum 80. Geburtstag schrieb: »Zum Glück wissen wir – durch Sie! –, dass die Geschichte sich in dialektischen Peripetien vollzieht, dass Bewegungen auch durch Niederlagen sich läutern und vorwärtskommen. Und so können sie uns alles nehmen, nur nicht die Hoffnung, ja die Gewissheit des Enderfolges.«[127]

In Nazi-Deutschland landeten Kautskys Bücher auf dem Scheiterhaufen. Das Vermögen der SPD wurde beschlagnahmt, seine Altersrente war dahin. Der Markt für deutschsprachige Sozialistica reduzierte sich drastisch. Er schrieb weiterhin Artikel, aber wer konnte sie ihm noch abnehmen? Ab 1935 verhandelte er mit Nicolaas W. Posthumus, der gerade in Amsterdam das Internationale Institut für Sozialgeschichte gegründet hatte und bereit war, die Bibliothek und den Nachlass der Kautskys – zunächst anteilig – zu erwerben.

Unter den neuen politischen Verhältnissen erschien den deutschen Staatsbürgern Karl und Luise Kautsky Österreichs Metropole nicht mehr sicher. Daher wandten sie sich im Sommer 1933 nach Prag, Kautskys Geburtsstadt, und baten den sozialdemokratischen Senatspräsidenten František Soukup, sie beim Erlangen der tschechoslowakischen Staatsbürgerschaft zu unterstützen. Zwei Jahre später bescheinigten ihnen die deutschen Behörden, dass sie die deutsche Reichsangehörigkeit verloren hätten; am 13. Juli 1935 legten beide im Generalkonsulat der ČSR in Wien den neuen Staatsbürgereid ab.

Entspannung fand der mehr als Achtzigjährige weiterhin im Bücherschreiben. Sein zweites »großes Werk«, das über »Krieg und Demokratie«, hat er nicht vollendet. 1935 machte er den letzten Federstrich in »Sozialisten und Krieg. Ein Beitrag zur Ideengeschichte des Sozialismus von den Hussiten bis zum Völkerbund«. Das Buch, mehr als 700 Seiten, erschien 1937 in Prag, unterstützt mit 40 000 tschechischen Kronen von Posthumus. Daneben veröffentlichte Kautsky die Briefe, die Friedrich Engels an ihn geschrieben hatte.

Die Monografie über Sozialisten und Krieg gab für schwedische sozialdemokratische Parlamentsabgeordnete den letzten Anstoß, Kautsky zur Auszeichnung mit dem Friedensnobelpreis 1938 vorzuschlagen. Neben seinen Antikriegsbüchern von 1937 und 1932 wurden Kautkys Auftreten im Ersten Weltkrieg, die Herausgabe der Dokumente über die Kriegsursachen sowie seine Arbeiten gegen bürgerkriegsähnliche Zustände, besonders in Sowjetrussland, gewürdigt. Ehefrau Luise setzte sich sehr für dieses Unterfangen ein: »Mag die Sache ausgehen, wie sie will, und wir sind natürlich eher skeptisch, so hat die Tatsache, dass der Vorschlag überhaupt zustande kam« und der doch zeigt, »dass Karl und sein Wirken anerkannt und geschätzt wird, sehr erfrischend und belebend auf ihn gewirkt.«[128] – Der Preis ging an das in Genf tätige Nansenbüro für Flüchtlinge.

Schon während des Weltkrieges hatte Luise ihren Mann gefragt, wann er denn seine Autobiografie zu schreiben gedenke. Damals hatte er geantwortet: Hoffentlich nie, denn das setze den Zustand voraus, in dem man zwar noch schreiblustig sei, einem aber nichts mehr einfalle. In genau dieser Situation sah sich Kautsky 1936. Am 29. September begann er, seine Erinnerungen sehr detailliert aufzuzeichnen, kombiniert mit umfänglichen Erörterungen und aktuellen Bezügen. Es entstand ein Manuskript über seine ersten 29 Lebensjahre von 517 Druckseiten, veröffentlicht 1960 von Sohn Benedikt.

Am 12. März 1938 marschierten die Truppen des Nazi-Regimes in Österreich ein. Um politischen und rassistischen Verfolgungen zu entgehen, ergriffen der körperlich schon deutlich geschwächte Kautsky und seine Frau die Flucht, die sie über Bratislava und Prag nach Amsterdam führte. Nach kurzen Aufenthalten bei Freunden fanden sie in der Pension Rijkers eine genehme Unterkunft. Kautsky setzte sich wieder an seine Memoiren. Freimütig gestand er: »[M]eine Arbeitsfähigkeit eilt rasch und unaufhaltsam ihrem Ende entgegen.«[129]

Am 15. Oktober, einen Tag vor seinem 84. Geburtstag, erlitt er einen Schlaganfall; zwei Tage später starb er.

Luise Kautsky gingen zahlreiche Beileidsbekundungen zu. Sogar die *Times* widmete Kautsky eine Spalte, natürlich vor allem auf seine Arbeiten zur Schuld am Weltkrieg hinweisend. In sozialdemokratischen Nachrufen werden übereinstimmend Kautskys Propagierung, Verteidigung und Weiterentwicklung des marxschen Denkens hervorgehoben. Friedrich Stampfer würdigte im Namen der SPD Kautskys konsequentes Beharren auf der Demokratie, während ein Vertreter der österreichischen Sozialdemokratie betonte: »Es gibt wenige Menschen, die einer ganzen Generation so viel bedeutet haben und der nächsten so wenig. [... D]ie Nachkriegsgeneration kennt Karl Kautsky nur noch als den großen Hasser der Sowjetunion und als den Verteidiger der Politik der SPD von Weimar bis Hindenburg.«[130]

Am 20. Oktober erfolgten auf dem Amsterdamer Friedhof Westerveld Kremierung und Beisetzung. Führende Vertre-

Kautskys Ankunft in Holland von Prag aus im März 1938.

ter der SAI erschienen, Hunderte niederländische Sozialisten säumten den Weg. Luise Kautsky kommentierte das mit: Karl »wäre am meisten überrascht, wenn er das sehen könnte«.[131]

* * *

»Solltest Du aber einmal eine führende Stellung in der Partei bekleiden, so musst Du vor allen Dingen finanziell von der Partei unabhängig sein«,[132] schrieb 1908 August Bebel, der einst mit Wilhelm Liebknecht die deutsche Sozialdemokratie begründet hatte, an dessen Sohn Karl. Beide wussten, wovon die Rede war: Karl Liebknechts Vater hatte sich noch mit fast 70 Jahren auf SPD-Parteitagen für sein Gehalt als Chefredakteur des *Vorwärts* rechtfertigen müssen. August Bebel blieben solche Demütigungen erspart, nicht nur weil er reich geerbt hatte, sondern auch als Schriftsteller erfolgreich war.

In Bebels Lage wäre Karl Kautsky auch gern gelangt, allein: Trotz Tausender Artikel, einer heute nicht nur immer noch gelesenen, sondern auch als Reprint wie auf einer Website[133] verfügbaren Zeitschrift sowie Dutzender Folianten war ihm solches nicht vergönnt. Anders als der bei jeder sich bietenden Gelegenheit prassende Marx litt der Herausgeber eines maßgeblichen Teils des marxschen Nachlasses zwar nicht einen einzigen Tag Hunger; aber alle Versuche, unabhängig von der Sozialdemokratie ein bildungsbürgerliches Leben zu finanzieren, hatte Kautsky wegen seines politischen Engagements schon jung aufgeben müssen.

In der Wissenschaft kam er auch nur bedingt zu Meriten: Kautsky erlitt partiell das übliche Schicksal eines Editors. Als Diener eines Herren schuf er zwar Unvergleichliches, fiel in dieser Beziehung aber selbst in den Orkus des Vergessens. Ohne Kautsky würde Marx heute deutlich weniger gelesen, gäbe es in Berlin vielleicht eine Karl-Marx-Straße, bestimmt aber keinen Karl-Marx-Platz oder gar eine Karl-Marx-Allee.

Sein Buch »Karl Marx' ökonomische Lehren« (1887) hatte ihn in staats- und gesellschaftskritischen Kreisen bekannt gemacht; Kautsky wurde zum Lehrer der ersten und zweiten Generation Marxisten, weltweit. Wissenschaftlich setzte Kautsky

Engels' Alterswerk fort, der aus Marx' ökonomischen Manuskripten – einer Melange aus Torso und Chaos – den zweiten und dritten Band des »Kapitals« destilliert hatte (1885, 1894). Den sogenannten 4. Band konnte der durch Kehlkopfkrebs Verstummte selbst nicht mehr heben. Um die Tür zur Marx-Forschung jedoch nicht zufallen zu lassen, führte Engels Kautsky und Bernstein in die Hieroglyphenwelt des Karl Marx ein. Hätte Kautsky nicht mehr getan, als die drei Marx-Bände »Theorien über den Mehrwert (Vierter Band des ›Kapitals‹)« zusammenzuschmieden, hätte er schon mehr geleistet als die meisten staatsfinanzierten Professoren, nicht nur die im Herrschaftsbereich der Bolschewiki.

Gemessen an späteren sozialdemokratischen bzw. kommunistischen Skribenten geriet Kautsky erst spät in den Verdacht, ein Lakai des Parteivorstandes zu sein: mit Mitte 50, und das auch nur zeitweilig. Mit dem »Gebot der Stunde«, das er zusammen mit dem SPD-Ko-Vorsitzenden Hugo Haase und dem Lebensabschnittsfreund Eduard Bernstein im Juni 1915 veröffentlichte, traten diese drei nach Karl Liebknecht, Rosa Luxemburg, Clara Zetkin, Franz Mehring, Otto Rühle und Peter Berten in die noch recht kleine Gruppe der deutschen Sozialdemokraten, die ihre Stimme gegen den Weltkrieg vernehmbar erhoben.

Sein über philosophische bzw. historische Studien hinausgehendes Dauerthema fürs Alter fand Kautsky kurz nach der Übernahme der Macht durch die Bolschewiki in der Demokratie. Mit der Beschwörung eines sich ebenso ins Formelhafte verflüchtigenden wie inhaltlich völlig entleerenden Gegensatzes zwischen Diktatur und Demokratie fiel er dabei weit unter sein eigenes Niveau und brach mit dem von ihm selbst konstituierten Marxismus. Das allein als Ausdruck nachlassender intellektueller Kräfte werten zu wollen, wäre wohlfeil. Eher kam Kautsky zu Bewusstsein, welche Aktie er an der Diskreditierung von Sozialismus und Demokratie durch die Bolschewiki hatte. Die Annahme, dass sich der Übergang zu einer nachkapitalistischen Gesellschaft analog zum Übergang von einer feudal geprägten zu einer der Profitdominanz gehorchenden Gesellschaft vollziehen würde, war zwar keine Idee von Marx – doch war er dank Kautsky ihr erfolgreichster Propagandist. Eine tradierte Herrschaft zu stürzen, eine revolutionäre zu etablieren und mit ihr auf eine Gesellschaft, nicht zuletzt auf ihre Eigentumsverhältnisse, loszugehen, war die Erfahrung von 1789. Sie prägte das 19. Jahrhundert – für die einen ein Trauma, für die anderen, nicht nur für Marx und Kautsky, ein Traum.

Ob ein Übergang zum Sozialismus in dieser Art überhaupt möglich ist, hatte Kautsky nicht detailliert gefragt; dass aber die Abtrennung der Demokratie von der Idee des Sozialismus – unter dem Strich das bleibende Resultat der Herrschaft der Bolschewiki – Kautsky den Schlaf raubte, erklärt die Verbissenheit, mit der er die Demokratie der Weimarer Republik verteidigte, selbst noch als sie – ab 1930 – nur noch auf dem Papier existierte. Nachdem ihm die Bolschewiki Marx und den Sozialismus geraubt hatten, wurde die Idee der Demokratie Kautskys letzter Strohhalm. Er ging mit ihm unter, erst intellektuell, dann physisch. Verlacht und einsam.

Anmerkungen

1 Außer Karl Renners Lebensbild (vgl. ders.: Karl Kautsky. Skizze zur Geschichte der geistigen und politischen Entwicklung der deutschen Arbeiterklasse. Ihrem Lehrmeister Kautsky zum fünfundsiebzigsten Geburtstag gewidmet, Berlin 1929) findet sich im deutschsprachigen Raum neben Überblicken bisher nur eine Teilbiografie; vgl. Harald Koth: »Meine Zeit wird wieder kommen ...« Das Leben des Karl Kautsky, Berlin 1993.

2 Beginnend mit: Karl Marx' ökonomische Lehren. Gemeinverständlich dargestellt und erläutert von Karl Kautsky, Stuttgart 1887.

3 Ausführlich zu dieser Beziehung Harald Koth: »... ihre große Begabung, die uns so ungeheuer viel nützen könnte«. Rosa Luxemburg im Briefwechsel zwischen Karl und Luise Kautsky (Rosa-Luxemburg-Forschungsberichte 18), Leipzig 2020.

4 Karl Kautsky an Luise Kautsky, 16. Juli 1916, in: Internationales Institut für Sozialgeschichte, Amsterdam, Karl Kautsky Papers, https://search.iisg.amsterdam/Record/ARCH00712 (im Folgenden: IISG, KKP), Inv.nr. 1571.

5 Vgl. Karl Kautsky: Das Erfurter Programm in seinem grundsätzlichen Teil, erläutert von Karl Kautsky, 2. Aufl., Stuttgart 1892, S. 239. [Nachdruck, hrsg. v. Horst Bartel, Berlin 1965, S. 238–239.]

6 Ebd., S. 231. [Nachdruck, S. 231.]

7 Ebd.

8 Karl Marx: Zur Kritik der Hegelschen Rechtsphilosophie. Einleitung, in: Karl Marx/Friedrich Engels: Werke [MEW], Berlin 1956ff., Bd. 1, S. 378–391, hier S. 385.

9 Karl Kautsky an David Josef Bach, 12. April 1902, in: IISG, KKP, Inv.nr. C 58.

10 W. I. Lenin: Was tun? Brennende Fragen unserer Bewegung, in: ders.: Werke (LW), Berlin 1955ff., Bd. 5, S. 355–551, hier S. 385–386.

11 Vgl. Karl Kautsky: Die Erhebung der Bolschewiki [14.11.1917], in: Jörn Schütrumpf (Hrsg.): Diktatur statt Sozialismus. Die russische Revolution und die deutsche Linke 1917/18, Berlin 2017, S. 98–102.

12 Karl Kautsky: Demokratie und Diktatur [3.1.1918], in: Schütrumpf (Hrsg.): Diktatur statt Sozialismus, S. 142–148, hier S. 142–144.

13 Vgl. W. I. Lenin: Die proletarische Revolution und der Renegat Kautsky [1919], in: LW, Bd. 28, S. 225–327; Leo Trotzki: Terrorismus und Kommunismus (Anti-Kautsky), Hamburg 1920.

14 Emil Unger-Winkelried: Von Bebel zu Hitler. Vom Zukunftsstaat zum Dritten Reich. Aus dem Leben eines sozialdemokratischen Arbeiters, Berlin-Schöneberg 1934, S. 63–64. (Die erste Auflage ließen die Nazis wegen des Titels, in dem Bebel und Hitler in einem Atemzug genannt wurden, einstampfen; die 2. Auflage erschien unter dem Titel: »Ich bekenne«.)

15 Susanne Miller (Hrsg.): Das Kriegstagebuch des Reichstagsabgeordneten Eduard David 1914–1918, Düsseldorf 1966, S. 136–137.

16 Karl Kautsky: Vorgeschichte meiner Beziehungen zu Engels, in: Friedrich Engels Briefwechsel mit Karl Kautsky. Zweite, durch die Briefe Karl Kautskys vervollständigte Ausgabe von »Aus der Frühzeit des Marxismus«, hrsg. u. bearb. v. Benedikt Kautsky, Wien 1955, S. 4.

17 Karl Kautsky: Milica Ninkowitsch (handschrftl. Ms.), in: IISG, KKP, Inv.nr. 2137.

18 Karl Kautsky: Mein zweiter Aufenthalt in London, in: Friedrich Engels Briefwechsel mit Karl Kautsky, S. 90.

19 Karl Kautsky an Friedrich Engels, 18. August 1884, in: ebd., S. 140.

20 Friedrich Engels an August Bebel, 22.–24. Juni 1885, in: MEW, Bd. 36, S. 336.

21 Heinrich Braun an Karl Kautsky, 18. September 1886, in: KKP, Inv.nr. D VI–507.

22 Karl Kautsky an Heinrich Schlüter, 22. Dezember 1885, in: IISG, KKP, Inv.nr. C 593.

23 Luise Kautsky: Starke Frauen. 15 Porträts von Jenny Marx bis Rosa Luxemburg. Gesammelte Schriften, hrsg. v. Günter Regneri, Bd. 2, Berlin 2018, S. 44.

24 Karl Kautsky an Luise Ronsperger, 31. August 1889, in: IISG, KKP, Inv.nr. 1558.

25 Vgl. Karl Marx: Randglossen zum Programm der deutschen Arbeiterpartei, in: MEW, Bd. 19, S. 15–36. – Zur Kritik des sozialdemokratischen Parteiprogramms. Aus dem Nachlass von Karl Marx, in: Die Neue Zeit, Bd. 1, 18/1890/91, S. 561–575.

26 Friedrich Engels an Karl Kautsky, 3. März 1892, in: MEW, Bd. 38, S. 310.

27 Karl Kautsky an Luise Ronsperger, 20. Juni 1889, in: IISG, KKP, Inv.nr. 1558.

28 Karl Kautsky: Das Erfurter Programm, S. 225. [Nachdruck, S. 225.]

29 Karl Kautsky: Ein sozialdemokratischer Katechismus, in: Die Neue Zeit, Bd. 1, 13/1894. S. 402–410, hier S. 403.

30 Friedrich Engels: Einleitung zu [Karl Marx' »Klassenkämpfe in Frankreich 1848 bis 1850 (1895)]«, in: MEW, Bd. 22, S. 509–527, hier S. 521–522.

31 Karl Kautsky an Victor Adler, 5. September 1892, in: Victor Adler: Briefwechsel mit August Bebel und Karl Kautsky, ges. u. erl. v. Friedrich Adler, Wien 1954 (im Folgenden: VABwABKK), S. 97.

32 Karl Kautsky an Eduard Bernstein, 21. September 1893, in: Eduard Bernsteins Briefwechsel mit Karl Kautsky (1891–1895), eingel. u. hrsg. v. Till Schelz-Brandenburg, Frankfurt a. M./New York 2011, S. 226.

33 Karl Kautsky an Victor Adler, 13. Oktober 1893, in: VABwABKK, S. 121–122.

34 Karl Kautsky an Eduard Bernstein, 2. Mai 1896, in: Eduard Bernsteins Briefwechsel mit Karl Kautsky (1895–1905), eingel. u. hrsg. v. Till Schelz-Brandenburg, Frankfurt a. M./New York 2003, Teil A, S. 138.

35 Karl Kautsky an Eduard Bernstein, 19. März 1896, in: ebd., S. 95.

36 Karl Kautsky an Victor Adler, 19. Oktober 1904, in: VABwABKK, S. 434-435.

37 Der französische Generalstabsoffizier jüdischer Herkunft Alfred Dreyfus war 1894 wegen angeblichen Landesverrats zu lebenslänglicher Deportation verurteilt worden. Proteste fortschrittlicher Kreise erzwangen die Wiederaufnahme des Verfahrens im August 1899. Dreyfus wurde erneut verurteilt, jedoch im September 1899 begnadigt. Er musste 1906 rehabilitiert werden, als sich die Anklage als Fälschung erwiesen hatte. Die Dreyfus-Affäre führte zur Zuspitzung des politischen Kampfes zwischen Republikanern und Monarchisten und brachte Frankreich an den Rand eines Bürgerkrieges.

38 Anarchistische Attentate erforderten um die Jahrhundertwende drei namhafte Todesopfer: 1898 die Kaiserin von Österreich-Ungarn, Elisabeth (Sissi); 1900 Umberto I., König von Italien; 1901 William McKinley, Präsident der USA.

39 Eduard Bernstein: Der Kampf der Sozialdemokratie und die Revolution der Gesellschaft, in: Die Neue Zeit, 18/1898, Bd. 1, S. 548–557, hier S. 556.

40 Karl Kautsky an Luise Kautsky, 8. Oktober 1898, in: IISG, KKP, Inv.nr. 1562.

41 Karl Kautsky an Eduard Bernstein, 23. Oktober 1898, in: Eduard Bernsteins Briefwechsel mit Karl Kautsky (1895–1905), Teil B, S. 795, 801.

42 Karl Kautsky an Eduard Bernstein, 29. Juli 1899, in: ebd., S. 937.

43 Protokoll über die Verhandlungen des Parteitages der Sozialdemokratischen Partei Deutschlands. Abgehalten zu Hannover vom 9. bis 14. Oktober 1899, Berlin 1899, S. 239.

44 Karl Kautsky: Jaurès und Millerand, in: Vorwärts, 1. August 1899.

45 Karl Kautsky: Die soziale Revolution, Teil 1: Sozialreform und Revolution, Berlin 1902, S. 50.

46 Karl Kautsky: Allerhand Revolutionäres, in: Die Neue Zeit, 23/1904, Bd. 1, S. 732–740, hier S. 738.

47 Karl Kautsky an Victor Adler, 23. Mai 1902, in: VABwABKK, S. 402.

48 Karl Kautsky an Franz Mehring, 3. Januar 1903, in: Russisches Staatliches Archiv für soziale und politische Geschichte, Moskau (im Folgenden: RGSAPI), f. 201, op. 1, nr. 196.

49 Protokoll über die Verhandlungen des Parteitages der Sozialdemokratischen Partei Deutschlands. Abgehalten zu Dresden vom 13. bis 20. September 1903, Berlin 1903, S. 418–419.

50 Karl Marx: Theorien über den Mehrwert. Aus dem nachgelassenen Manuskript »Zur Kritik der politischen Ökonomie«, hrsg. v. Karl Kautsky, Bd. 1, Stuttgart 1905, S. IX.

51 Hans Kautsky an Luise Kautsky, 24. Juli 1903, in: IISG, KKP, Inv.nr. 1536.

52 Hans Kautsky an Karl Kautsky, 10. August 1903, in: ebd., Inv.nr. 1535_5.

53 Karl Kautsky an Henriette Roland-Holst, 30. Juni 1905, in: RGSAPI, f. 213, op. 1, nr. 116.

54 Karl Kautsky: Vorwort zur zweiten Auflage [Oktober 1906], in: Karl Kautsky: Die soziale Revolution, Berlin 1911, S. 5.

55 W. I. Lenin: Der Sieg der Kadetten und die Aufgaben der Arbeiterpartei, in: LW, Bd. 10, S. 192–276, hier S. 266.

56 Luise Kautsky: Rosa Luxemburg. Ein Gedenkbuch, Berlin 1929, S. 35.

57 Protokoll über die Verhandlungen des Parteitages der Sozialdemokratischen Partei Deutschlands. Abgehalten zu Essen vom 15. bis 21. September 1907, Berlin 1907, S. 255.

58 Friedrich Stampfer: Begegnungen mit Karl Kautsky, in: Ein Leben für den Sozialismus. Erinnerungen an Karl Kautsky, Hannover 1954, S. 51.

59 Karl Kautsky an Hugo Haase, 9. März 1909, in: IISG, KKP, Inv.nr. C 434. – Veröffentlicht in: Ursula Ratz: Briefe zum Erscheinen von Karl Kautskys »Weg zur Macht«, in: International Review of Social History, 3/1967, S. 432–477, hier S. 466.

60 Vgl. Karl Kautsky an Hugo Haase, 25. Februar 1909, in: IISG, KKP, Inv.nr. C 432. – Veröffentlicht in: Ratz: Briefe zum Erscheinen von Karl Kautskys »Weg zur Macht«, S. 448.

61 Rosa Luxemburg: Was weiter?, in: dies.: Gesammelte Werke, Berlin 1970ff., Bd. 2, S. 289–299, hier S. 290.

62 August Bebel an Victor Adler, 16. August 1910, in: VABwABKK, S. 513.

63 Karl Kautsky an August Bebel, 18. Juli 1913, in: August Bebels Briefwechsel mit Karl Kautsky, hrsg. v. Karl Kautsky Jr., Assen 1971, S. 354.

64 Karl Kautsky: Bebels Erinnerungen, in: Vorwärts, 14. September 1913.

65 Karl Kautsky an N. Rjasanow, 3. Februar 1914, zit. nach: Annelies Laschitza: Ich bin Redakteur, nicht bloßer Parteimann. Karl Kautsky, in: Beiträge zur Geschichte der Arbeiterbewegung, 5/1988, S. 654–676, hier S. 669.

66 Karl Kautsky: Krieg und Frieden. Betrachtungen zur Maifeier, in: Die Neue Zeit, 30/1922, Bd. 2, S.97–107, hier S. 104.

67 Karl Kautsky: Das Jahr 1913 und seine Erbschaft, in: Leipziger Volkszeitung, 31. Dezember 1913.

68 Karl Kautsky: Der neue Liberalismus und der neue Mittelstand, in: Vorwärts, 25. Februar 1912.

69 Karl Kautsky: Der Krieg, in: Vorwärts, 28. Juli 1914.

70 Karl Kautsky an Hugo Haase, 24. Juni 1914, in: IISG, KKP, Inv.nr. C 437.

71 Karl Kautsky: Sozialisten und Krieg. Ein Beitrag zur Ideengeschichte des Sozialismus von den Hussiten bis zum Völkerbund, Prag 1937, S. 459.

72 Karl Kautsky an Victor Adler, 28. November 1914, in: VABwABKK, S 605.

73 Karl Kautsky: Der Krieg, in: Die Neue Zeit, 19/1914, Bd. 2, S. 843–846, hier S. 846.

74 Karl Liebknecht: Betrachtungen und Erinnerungen aus der »großen Zeit«, in: ders.: Gesammelte Reden und Schriften, Bd. IX, Berlin 1982, S. 265–295, hier S. 271.

75 Luise Kautsky an Karl Kautsky, 23. Juni 1915, in: IISG, KKP, Inv.nr. 1576.

76 Karl Kautsky an Luise Kautsky, 12. November 1915, in: ebd., Inv.nr. 1570.

77 Protokoll über die Verhandlungen des Gründungs-Parteitages der USPD vom 6. bis 8. April 1917 in Gotha, hrsg. v. Emil Eichhorn, Berlin 1921, S. 73.

78 Karl Kautsky an Luise Kautsky, 5. Mai 1917, in: IISG, KKP, Inv.nr. 1571.

79 Karl Kautsky an Luise Kautsky, 1. Mai 1917, in: ebd.

80 Luise Kautsky an Karl Kautsky, 4. Mai 1917, in: ebd., Inv.nr. 1678.

81 Karl Kautsky an Victor Adler, 4. Oktober 1917, in: VABwABKK, S. 641–642.

82 Karl Kautsky: Der Eispalast, in: Die Neue Zeit, 16/1917, Bd. 1, S. 609–613, hier S. 613.

83 Karl Kautsky: Die Diktatur des Proletariats, Wien 1918. – Wiederveröffentlicht in: Soziales Denken, Bd. 1, hrsg. v. Hans-Jürgen Mende, Berlin 1990, S. 7–87, hier S. 59.

84 Vgl. Karl Kautsky: Demokratie oder Diktatur, in: Sozialistische Auslandspolitik, 22. August 1918 – Wiederveröffentlicht in: Clara Zetkin: Die Briefe 1914 bis 1933, Bd. 1: Die Kriegsbriefe (1914–1918), hrsg. v. Marga Voigt, Berlin 2016, S. 477–481, hier S. 479.

85 Friedrich Adler: Karl Kautsky, in: Ein Leben für den Sozialismus, S. 58–59.

86 Karl Kautsky: Richtlinien für ein sozialistisches Aktionsprogramm [Berlin 1919], S. 7–8.

87 Karl Kautsky jun. an Bohumír Šmeral, 11. Januar 1919, in: Karl und Luise Kautsky. Briefwechsel mit der Tschechoslowakei 1879–1939, hrsg. v. Zdeněk Šolle, Frankfurt a. M./New York 1993, S. 488.

88 Als Anonymus hatte er 1916 in der Schweiz auf die besondere Verantwortung der deutschen Sozialdemokratie verwiesen als der Partei »des Staates [...], der im Verein mit Österreich den ganzen ungeheuren Weltbrand entzündet hat«. [Karl Kautsky]: Die Herbeiführung des Friedens, [Zürich] o. J. [1916], S. 32.

89 Die II. Internationale 1918/19. Protokolle, Memoranden, Berichte und Korrespondenzen. 2 Bde., hrsg. v. Gerhard A. Ritter, Bd. 1, Berlin/Bonn 1980, S. 258.

90 The kaiser's guilt, in: The Times, 26. November 1919.

91 Deutsche Tageszeitung, 1. Dezember 1919, in: IISG, KKP, Inv.nr. G 11_182.

92 Karl Kautsky: Wie der Weltkrieg entstand. Dargestellt nach dem Aktenmaterial des Deutschen Auswärtigen Amtes, Berlin 1919, S. 171.

93 Verhandlungen des Reichstages. I. Wahlperiode 1920. Stenographische Berichte, Bd. 348, Berlin 1921, S. 2674.

94 Karl Kautsky: Was nun? In: Arbeiter-Zeitung, 13. Juni 1920.

95 Verhandlungen des Reichstages. I. Wahlperiode 1920, Bd. 345, Berlin 1921, S. 956.

96 Kautsky zur Einigungsfrage, in: Vorwärts, 16. Mai 1919.

97 Karl Kautsky: Terrorismus oder Kommunismus. Ein Beitrag zur Naturgeschichte der Revolution, Berlin 1919. – Wiederveröffentlicht in: Soziales Denken, Bd. 1, S. 177–347, hier S. 336, 343. – 1924 erschien eine 2. Auflage, aus der Kautsky die gegen die SPD, namentlich Noske, gerichteten Bemerkungen entfernte, »um nicht alte Wunden aufzureißen, nicht weil ich über Noske milder denke«. Karl Kautsky an Luise Kautsky, 1. August 1924. In: IISG, KKP, Inv.nr. 1573.

98 Karl Kautskys 65. Geburtstag, in: Vorwärts, 16. Oktober 1919.

99 Karl Kautsky: Ein Abschied (Manuskript), in: IISG, KKP, Inv.nr. A 95.

100 Zum internationalen Kongress, in: Vorwärts, 24. April 1920.

101 Leo Trotzki: Terrorismus und Kommunismus. Anti-Kautsky, Hamburg 1920. – Wiederveröffentlicht in: Soziales Denken, Bd. 2, hrsg. v. Hans-Jürgen Mende, Berlin 1990, S. 7–173, hier S. 171.

102 Der Zweite Kongress der Kommunistischen Internationale. Protokoll der Verhandlungen vom 19. Juli in Petrograd und vom 23. Juli bis 7. August 1920 in Moskau, Hamburg 1921, S. 391, 372.

103 Karl Kautsky an Friedrich Adler und Otto Bauer, 5. Juli 1920, in: Verein für Geschichte der ArbeiterInnenbewegung, Wien, Adler-Archiv, M125/T4.

104 Die II. Internationale 1918/19. Protokolle, Memoranden, Berichte und Korrespondenzen, Bd. 2, S. 907.

105 Karl Kautsky an Friedrich Adler und Otto Bauer, 5. Juli 1920, in: Verein für Geschichte der ArbeiterInnenbewegung, Wien, Adler-Archiv, M125/T4.

106 Regine Bernstein an Karl und Luise Kautsky, 26. März 1921, in: Eduard Bernsteins Briefwechsel mit Karl Kautsky (1912–1932), eingel. u. hrsg. v. Eva Bettina Görtz, Frankfurt a. M./New York 2011, S. 77.

107 Ausführlich dazu Paul Levi: Ohne einen Tropfen Lakaienblut. Schriften, Reden und Briefe, hrsg. v. Jörn Schütrumpf, Bd. I/3 und I/4, Berlin 2020.

108 Kautsky an die USPD-Zentrale, in: Vorwärts, 28. März 1922 (Morgenausgabe) – Die Freiheit, 28. März 1922 (Abendausgabe).

109 Karl Kautsky: Mein Verhältnis zur Unabhängigen Sozialdemokratischen Partei. Ein Rückblick, Berlin 1922, S. 20.

110 Karl Kautsky: Die proletarische Revolution und ihr Programm, 2. Aufl., Berlin/Stuttgart 1922, S. 106.

111 Protokoll des ersten Internationalen Sozialistischen Arbeiterkongresses. Hamburg, 21. bis 25. Mai 1923, in: Kongress-Protokolle der Sozialistischen Arbeiter-Internationale, Bd. 1, Glashütten im Taunus 1974, S. 16.

112 Karl Kautsky an den Vorstand der VSPD, 11. Oktober 1922, in: IISG, KKP, Inv.nr. C 720.

113 Karl Kautsky an Adolf Braun u. a., 26. Dezember 1924, in: ebd., Inv.nr. C 313.

114 Karl Kautsky an Eduard Bernstein, 30. Januar 1924, in: Eduard Bernsteins Briefwechsel mit Karl Kautsky (1912–1932), S. 118.

115 Karl Kautsky: Die materialistische Geschichtsauffassung, Bd. 1, Berlin 1927, S. XII, 5.

116 Vgl. Karl Kautsky: Vorwort zu einer serbischen Teilausgabe von »Die materialistische Geschichtsauffassung«, in: Karl Kautsky und die Sozialdemokratie Südosteuropas. Korrespondenz 1883–1938, hrsg. v. Georges Haupt, Frankfurt a. M./New York 1986, S. 628.

117 Karl Kautsky: Natur und Gesellschaft, in: Die Gesellschaft, 12/1929, S. 501–502.

118 Karl Kautsky: Die materialistische Geschichtsauffassung, Bd. 2, Berlin 1927, S. 564.

119 Karl Kautsky und der Marxismus, in: Vorwärts, 16. Oktober 1929.

120 Karl Kautsky an Eduard Bernstein, 31. Dezember 1926, in: Eduard Bernsteins Briefwechsel mit Karl Kautsky (1912–1932), S. 265.

121 Vgl. Karl Kautsky an Eduard Bernstein, 5. Januar 1928, in: ebd., S. 312; ders. an ebendens., 22.-23. Mai 1928, in: ebd., S. 331.

122 Verlagsbuchhandlung J. H. W. Dietz Nachf. an Karl Kautsky, 10. Mai 1932, in: IISG, KKP, Inv.nr. D IX.151.

123 Sozialdemokratischer Parteitag 1924. Protokoll mit dem Bericht der Frauenkonferenz, Berlin 1924, S. 95–96.

124 Karl Kautsky: Die Internationale und Sowjet-Russland, Berlin 1925, S. 17. – Fünf Jahre später ließ er in eben diesem Sinne folgen: Der Bolschewismus in der Sackgasse, Berlin 1930.

125 Karl Kautsky: Demokratie und Diktatur, in: Der Kampf, 1/1933, S. 66.

126 [Karl Kautsky:] Grenzen der Gewalt. Aussichten und Wirkungen bewaffneter Erhebungen des Proletariats, Karlsbad 1934, S. 23–24.

127 Karl Renner an Karl Kautsky, 15. Oktober 1934, in: IISG, KKP, Inv.nr. D XIX 176.

128 Luise Kautsky an Emanuel Buchinger, 15. Februar 1938, in: Karl Kautsky und die Sozialdemokratie Südosteuropas, S. 569.

129 Karl Kautsky: Erinnerungen und Erörterungen [1936], hrsg. von Benedikt Kautsky, 's-Gravenhage [Den Haag] 1960, S. 532.

130 Karl Kautsky, in: Der sozialistische Kampf, 11/1938, S. 251.

131 Friedrich Adler: Karl Kautsky, in: Der sozialistische Kampf, 12/1938, S. 272.

132 Dokumente und Materialien zur Geschichte der deutschen Arbeiterbewegung, Reihe I, Bd. 5 (1905–1914), Berlin 1962, S. 400–401.

133 Vgl. http://library.fes.de/nz/

Texte von Karl Kautsky

1 Klassenkampf und Sozialismus

Mit der Entstehung des *Klassenstaates* beginnt eine neue Epoche für den Kampf ums Dasein des Menschengeschlechtes: die Epoche der *Klassenkämpfe*. Die Basis derselben ist natürlich verschieden von der der Stammeskämpfe: Trotzdem sind die Erscheinungen in den einen Kämpfen wesentlich die gleichen wie in den andern, wenn auch die Formen des modernen Klassenkampfes, den veränderten Anschauungen entsprechend, andere sind. Der Urmensch scheut sich nicht, dem Gegner des Stammes mit Lüge und Verrat entgegenzutreten. Auch der Gegner der Klasse gilt trotz der nationalen Zusammengehörigkeit als Feind, der auf *jede Weise* zu bekämpfen ist, und wo es nicht offen geschehen kann, geheim, durch geheime Verbindungen etc. Das hat *jede* Klasse getan, die nach Unabhängigkeit strebte, das ist nicht eine Eigentümlichkeit der Sozialdemokratie, sondern des Klassenkampfes. Die Klassenkämpfe sind stets erbitterter als die dynastischen Fehden, in denen man sich auf Kommando totschlägt.

Andererseits drängt der Klassenkampf, wie der Stammeskampf, den Individualismus zurück und erweckt wieder die kommunistischen Instinkte. Auch die Bourgeoisie hat, so lange sie um ihre Anerkennung kämpfen musste, Beispiele großartiger Selbstverleugnung und Aufopferung für die Sache der Klasse aufzuweisen. Aber bei ihr hatten stets die individualistischen Instinkte, wie sie das Privateigentum hervorruft, mit den sozialen zu kämpfen. Gewöhnlich waren es die Deklassierten, unbemittelte Künstler und Literaten – von den Arbeitern natürlich abgesehen – oder junge Leute, auf die der individualistische Kampf ums Dasein noch nicht lange genug gewirkt hatte, um die sozialen Instinkte zu ersticken, welche »Idealisten« waren. Sobald die jungen Bourgeois älter wurden, hörten sie auf, Idealisten zu sein. [...]

Bei den Arbeitern muss dagegen der Klassenkampf die sozialen Instinkte umso mehr erwecken, je weniger Privateigentum sie besitzen, je weniger Macht also der Individualismus über sie hat. Und so sehen wir heute bei den organisierten Arbeitern die kommunistischen Instinkte bereits fast ebenso stark wie beim Urmenschen, natürlich auf höherer, internationaler Basis, d. h. für die organisierten Arbeiter bedeutet *das Individuum nichts, die Klasse alles*. Nicht für die individuelle Freiheit kämpfen sie, sondern für die Freiheit der Klasse, nicht für die Wohlfahrt des Individuums, sondern für die Wohlfahrt der Klasse. [...]

Wo wir die Geschichte der Arbeiterbewegung aufschlagen mögen, [...] überall tritt uns als charakteristisches Merkmal die Selbstlosigkeit entgegen. Was uns zur Partei treibt, was uns innerhalb derselben festhält, ist nicht Aussicht auf Gewinn, nicht Aussicht auf Ruhm und Ehre, auch nicht Aussicht auf Dank oder besondere Sympathie für die Individuen, welche die Partei bilden, es ist einzig und allein der *kommunistische Instinkt*, das *Pflichtgefühl*, welches uns sagt, dass die Klasse der Enterbten Anspruch hat auf *unsere ganze Persönlichkeit*, nicht bloß auf ein Stückchen derselben, dessen Grenze die individuelle Freiheit ist. Der Partei gehören wir mit Leib und Seele, ihr gegenüber haben wir nur Pflichten, keine Rechte – außer einem: der Gleichheit. *Wir sind verpflichtet, für die Partei alles zu opfern, die Partei dagegen hat auch nicht das Geringste für uns zu opfern.* Man missverstehe mich nicht. Wenn wir unsere gemaßregelten Parteigenossen unterstützen, so ist das nicht ein Opfer, welches die Partei uns bringt, sondern welches *wir* der Partei bringen. Wir unterstützen unsere Genossen, weil wir dadurch die Kampffähigkeit der *Partei* erhalten, und deshalb ist es unsere *Pflicht*, dies zu tun. Nimmermehr aber darf die Partei ein Opfer zugunsten ihrer Mitglieder bringen. Unsere Partei ist nichts als der organisierte und bewusste Teil der Arbeiterklasse, die Interessen der Arbeiterklasse sind ihre Interessen. [...]

Also nochmals: Wir müssen kämpfen für die Partei, ob sie uns unterstützen kann oder nicht. Das Individuum hat der Gesamtheit gegenüber nur Pflichten, keine Rechte.

Dieser Satz ist nicht eine *Aufforderung*, er ist bloß die *Konstatierung einer Tatsache*, die sich naturnotwendig aus dem Klassenkampf ergeben hat. Es handelt sich nicht um das, was sein *soll*, sondern um das, was *ist*, und das ist einfach Folgendes: *Die Ansprüche der Klasse sind nicht beschränkt durch die Freiheit des Individuums*, sondern im Gegenteil, *die Freiheit des Individuums ist beschränkt durch die Ansprüche der Klasse.*

Die *Einwände*, die man gegen diesen Satz gemacht hat oder machen kann, sind nichtig. [...]

Wenn noch manche unserer Genossen für möglichst große individuelle Freiheit schwärmen, so ist das nur ein Ideenatavismus, den sie oft selbst durch die Praxis widerlegen. Der Schlachtruf der Bourgeoisie während ihres Kampfes nach Herrschaft, der Ruf »Freiheit, Gleichheit, Brüderlichkeit«, hat so mächtige Erfolge aufzuweisen gehabt, das Proletariat selbst hat mit diesem Rufe so viele Siege errungen – allerdings nur zugunsten des dritten Standes –, dass es leicht begreiflich ist, warum derselbe heute noch in unseren Reihen eine solche Zauberkraft ausübt. Aber wir sind mehr als die Fortsetzer des von der Bourgeoisie begonnen Werkes, wir haben eine größere Aufgabe als die, die Lücken auszufüllen, welche die bürgerliche Demokratie gelassen hat, wir sind Vertreter einer von der ganzen bisherigen Gesellschaft *grundverschiedenen Weltanschauung*. Wir streben nicht danach, an Stelle der bisherigen Herrschaft einer Klasse die Herrschaft einer anderen Klasse zu setzen, sondern danach, diese *Herrschaft selbst zu vernichten*. Die sozialistische Revolution bedeutet nicht, wie die große französische Revolution einen Schritt weiter in der Entwicklung der bisherigen Form des Kampfes ums Dasein, sondern die Einführung einer ganz neuen Form desselben. Die Umwälzung, der wir entgegengehen, ist ebenso gewaltig und einschneidend als diejenige, welche den urwüchsigen freien Stamm in den Ständestaat verwandelt hat, ebenso gewaltig und einschneidend als die Völkerwanderung und deren Folgen, welche den auf der Abgeschlossenheit des Stammes beruhenden ständischen Staat in einen Klassenstaat verwandelten. Aber diese kommende Umwälzung wird *bewusst* und nicht innerhalb Jahrhunderten, sondern innerhalb *Jahrzehnten* vor sich gehen, und *darum wird sie noch weit großartiger sein als jede Umwälzung, die das Menschengeschlecht bisher erlebt hat.*

So großartig auch der Gedanke der bürgerlichen Demokratie im Gegensatz zum Feudalismus und Absolutismus war, so ist er doch verschwindend kleinlich im Gegensatz zum sozialdemokratischen Gedanken. Der Grundgedanke der bürgerlichen Demokratie besagt nichts als Beseitigung aller noch in die Neuzeit ragenden Überbleibsel des *Ständestaates*, um den reinen *Klassenstaat* zu *verewigen*.

Wir wollen den Klassenstaat *vernichten*, und darum haben wir unser Vorbild nicht bei der bürgerlichen Demokratie, sondern bei den Gemeinwesen zu suchen, in welchen *vollständige Gleichheit* herrscht, bei den *urwüchsigen Stämmen*. Diese beruhen aber nicht auf dem Prinzip der *Freiheit*, Gleichheit, Brüderlichkeit, sondern bloß auf dem Grundsatze der *Gleichheit und Brüderlichkeit*.

Zu diesem Resultate gelangen wir, wenn wir versuchen, unsere Bewegung aus der bisherigen Entwicklung des Menschengeschlechtes zu erklären – dem einzigen Weg, auf dem unsere Bewegung überhaupt verstanden werden kann. Von aprioristischen Ideen einer höheren Gerechtigkeit, unveräußerlicher Menschenrechte etc., welche auf ebenso sicherer Grundlage ruhen als die Ideen vom Dasein Gottes und der Unsterblichkeit der Seele, von denen kommt bei dieser Auffassungsweise allerdings nichts vor. Das sind Dinge, welche die realistische, von Karl Marx begründete Geschichtsauffassung längst über Bord geworfen hat. Und wesentlich dem Umstande, dass der deutsche Sozialismus diese Geschichtsauffassung akzeptiert und das viele Phrasengeklingel verpönt hat, verdankt er seine heutige Stärke, seine Führerschaft im Klassenkampfe.

Unsere Pflicht ist es, auf dem begonnenen Wege weiterzuschreiten. Wir haben weder die Aufgabe, uns in Phrasen zu berauschen, noch die, müßigen Träumereien über den Zukunftsstaat nachzuhängen. Unsere Aufgabe ist es, uns zur

Klarheit emporzuringen und darum vor allem *Kritik*, Kritik an den Gegnern, Kritik an uns selbst. Namentlich aber Kritik an der Phrase.

Symmachos (d. i. Karl Kautsky)

Auszüge aus: Der Sozialdemokrat. Zentralorgan der deutschen Sozialdemokratie, 3. Jg., Nr. 40, Zürich, 29.9.1881

2 Der Ausgang der kapitalistischen Produktionsweise

Wir sind am Ende der Darstellung des kapitalistischen Produktionsprozesses angelangt, die wir an der Hand von Karl Marx versucht.

Wir haben gesehen, dass die *urwüchsige Produktionsweise* auf gesellschaftlicher, planmäßig organisierter Arbeit beruht und bedingt, dass die Produktionsmittel und *Produkte gesellschaftliches Eigentum* sind. Die Produkte werden allerdings verteilt und dadurch individuelles Eigentum, aber nur soweit sie *Gebrauchsgegenstände* für die Einzelnen sind. Als unmittelbarer Ertrag der gesellschaftlichen Arbeit fallen die Produkte zunächst der Gesellschaft anheim.

Diese Produktionsweise wird verdrängt durch die *einfache Warenproduktion* unabhängig voneinander wirkender Privatarbeiter, deren jeder mit ihm selbst gehörenden Produktionsmitteln Produkte erzeugt, die dann selbstredend auch sein Privateigentum sind.

Aber aus der einfachen Warenproduktion entwickelt sich die *kapitalistische Warenproduktion*, an Stelle der voneinander unabhängig produzierenden Einzelarbeiter treten große konzentrierte Arbeitsbetriebe, jeder vom anderen unabhängig und Waren produzierend, aber jeder auch in seinem Innern zur planmäßigen gesellschaftlichen Produktion organisiert. Da diese großen kapitalistischen Betriebe einander als Warenproduzenten gegenüberstehen, so bleibt in ihrem gegenseitigen Verkehr der Warenaustausch und damit das Eigentumsrecht der einfachen Warenproduktion in Geltung, das Privateigentum an den Produktionsmitteln und Produkten.

Aber damit ist auch das Privateigentum in sein Gegenteil verkehrt.

Unter der einfachen Warenproduktion war das Privateigentum Folge und Frucht der Arbeit. Der Arbeiter war Eigentümer seiner Produktionsmittel und seiner Produkte. Die kapitalistische Produktion zerreißt den Zusammenhang zwischen Arbeit und Eigentum. Der Arbeiter hat kein Eigentum mehr an seinem Produkt. Produktionsmittel und Produkte gehören im Gegenteil dem Nichtarbeiter. Die Verwandlung der Produktion in eine gesellschaftliche auf kapitalistischer Grundlage vollzieht immer mehr die Verwandlung der Nichtarbeiter in Besitzer allen Reichtums, der Arbeiter in Besitzlose.

Damit ist der Widerspruch zwischen der herrschenden Produktionsweise und der herrschenden Aneignungsweise noch nicht erschöpft.

Wir haben gesehen, wie einfach und durchsichtig die Produktion unter dem urwüchsigen Kommunismus sich gestaltete, wie die Gesellschaft sie nach ihrem Willen und ihren Bedürfnissen lenkte.

Unter dem System der Warenproduktion werden die gesellschaftlichen Produktionsbedingungen zu einer Macht, die dem einzelnen Produzenten über den Kopf wächst. Er wird ihr willenloser Sklave und seine Stellung wird umso kläglicher, da die neuen Herren ihm seine Leistungen nicht vorschreiben, ihm ihre Bedürfnisse nicht mitteilen, sondern es ihm überlassen, sie zu erraten. Die Produktion unterliegt jetzt Gesetzen, die unabhängig von den Produzenten und oft auch gegen deren Willen wirken, gleich Naturgesetzen; Gesetzen, die sich durch das periodische Eintreten von abnormen Zuständen durchsetzen wie Preisfall, Teuerung usw. Indes bleiben diese Abnormitäten, soweit sie gesellschaftlichen Ursachen entspringen, geringfügig und auf enge Gebiete beschränkt unter der Herrschaft der einfachen Warenproduktion, entsprechend der niederen Produktivität zersplitterter Betriebe von Einzelarbeitern.

Da wird die Produktivität der Arbeit riesenhaft gesteigert durch die kapitalistische Produktionsweise, die alle jene Produktionskräfte entfesselt und kolossal anwachsen lässt, welche gesellschaftlicher, zielbewusst organisierter Arbeit eigen sind, welche die von der Wissenschaft unterjochten Naturkräfte in ihre Dienste nimmt. Die Folge ist, dass das periodische Eintreten von abnormen Zuständen, durch die sich die Gesetze der Warenproduktion durchsetzen und die früher nur vorübergehende, lokale Unbequemlichkeiten im Gefolge hatten, die sich leicht verschmerzen und oft auch bannen ließen, sich jetzt zu periodischen Katastrophen gestaltet, die jahrelang dauern, ganze Reiche und Kontinente heimsuchen und die entsetzlichsten Verheerungen anrichten; zu periodischen Katastrophen, die an Ausdehnung und Intensität mit der kapitalistischen Produktionsweise wachsen und die jetzt auf ein chronisches Siechtum hinauszulaufen scheinen.

Und noch eines: Unter dem urwüchsigen Kommunismus, wo das Produkt der gesellschaftlichen Arbeit der Gesellschaft gehört und von dieser den gesellschaftlichen Bedürfnissen entsprechend an die Individuen verteilt wird, wächst der Anteil eines jeden mit dem Wachstum der Produktivität der Arbeit.

Unter der Herrschaft der Warenproduktion wächst die Masse der Gebrauchswerte, die einer bestimmten Wertgröße entsprechen, mit der Produktivität der Arbeit. Das Produkt seiner Arbeit gehört unter der einfachen Warenproduktion in der Regel dem Arbeiter. Er kann es ganz oder zum Teil selbst konsumieren: in diesem Falle wächst offenbar die Menge der ihm zur Verfügung stehenden Gebrauchsgegenstände in demselben Maße wie die Ergiebigkeit seiner Arbeit. Er kann aber auch das Produkt seiner Arbeit ganz oder zum Teil austauschen – nur ein kleiner Teil des Produkts wird unter der einfachen Warenproduktion Ware.

Für das Produkt einer bestimmten Arbeit, das er austauscht, wird er umso mehr Gebrauchswerte erhalten, je größer im Allgemeinen die Produktivität der Arbeit. Auch hier kommt das Wachstum der Ergiebigkeit der Arbeit unverkürzt dem Arbeiter zugute.

Unter der kapitalistischen Warenproduktion ist die Arbeitskraft selbst eine Ware, deren Wert wie der jeder Ware in dem Maße sinkt, in dem die Produktivität der Arbeit steigt. Je größer also die Produktivität der Arbeit, desto weniger verhältnismäßigen Anteil an ihren Vorteilen erhält der Arbeiter im

Preis der Arbeitskraft. Je mehr aber die kapitalistische Produktionsweise die vorherrschende, desto mehr besteht die Masse des Volkes aus Lohnarbeitern, desto mehr bleibt sie also ausgeschlossen von den Früchten der gesteigerten Produktivität ihrer Arbeit.

Alle diese Gegensätze erzeugen naturnotwendig aus sich selbst heraus Konflikte zwischen der Kapitalistenklasse und den Arbeitern, Konflikte, welche diese zum Klassenbewusstsein erwecken, zu einer politischen Tätigkeit drängen und in allen kapitalistischen Ländern Arbeiterparteien hervorrufen. Die eben berührten Umstände erzeugen aber auch Leiden der mannigfachsten Art und nicht allein solche, die auf die Arbeiterklasse beschränkt sind, Leiden, welche die jetzigen Zustände immer weiteren Kreisen auch außerhalb der Klasse der Lohnarbeiter unerträglich erscheinen lassen.

Es drängt alles nach der Lösung des Widerspruchs, der in der kapitalistischen Produktionsweise verkörpert ist, des Widerspruchs zwischen dem gesellschaftlichen Charakter der Arbeit und der überkommenen Aneignungsform der Produktionsmittel und der Produkte.

Nur zwei Wege scheinen möglich, ihn zu lösen; beide laufen darauf hinaus, die Produktionsweise und die Aneignungsweise in Einklang miteinander zu setzen. Der eine Weg führt zur Aufhebung des gesellschaftlichen Charakters der Arbeit, zur Rückkehr zur einfachen Warenproduktion, zur Ersetzung des Großbetriebs durch Handwerk und kleinbäuerliche Landwirtschaft. Der andere Weg sucht nicht die Produktion der Aneignungsweise anzupassen, sondern die Aneignungsweise der Produktion, er führt zum gesellschaftlichen Eigentum an den Produktionsmitteln und Produkten. [...]

Marx war der Erste, der den Fetischcharakter der Ware bloßlegte, der das Kapital nicht als ein Ding an sich, sondern als *ein durch Sachen vermitteltes Verhältnis* und als eine *historische Kategorie*[1] erkannte. Er war der Erste, der die Gesetze der Be-

1 Kautsky folgt mit der Einordnung der Warenproduktion als historische Kategorie der engelsschen Auffassung, während Marx darunter eine systematische versteht. – Vgl. Rolf Hecker: Springpunkte. Beiträge zur Marx-Forschung und »Kapital«-Diskussion, Berlin 2018, S. 129–206.

wegung und Entwicklung des Kapitals erforschte. Und er war der Erste, der die Ziele der jetzigen sozialen Bewegung als naturnotwendige Konsequenzen aus der bisherigen historischen Entwicklung ableitete, anstatt sie in seinem Kopfe als Forderungen irgendeiner »ewigen Gerechtigkeit« nach seinem Belieben zu konstruieren.

Von dem Standpunkt, auf den uns Marx erhebt, erkennt man [...] auch den einzigen Weg, der für die Fortentwicklung übrig bleibt: die Anpassung der Aneignungsform an die Produktionsweise, die Besitzergreifung der Produktionsmittel durch die Gesellschaft, die vollendete, rückhaltlose Durchführung der vom Kapital nur halb durchgeführten Verwandlung der Produktion aus Einzelproduktion in gesellschaftliche Produktion. Damit aber beginnt für die Menschheit eine neue Epoche.

Anstelle der anarchischen Warenproduktion tritt die planmäßig bewusste Organisation der gesellschaftlichen Produktion; die Herrschaft des Produkts über den Produzenten hat ein Ende. Der Mensch, der in immer steigendem Maße Herr der Naturkräfte geworden, wird damit auch Herr der gesellschaftlichen Entwicklung. »Erst von da an werden die Menschen ihre Geschichte mit vollem Bewusstsein selbst machen«, sagt Engels, »erst von da an werden die von ihnen in Bewegung gesetzten gesellschaftlichen Ursachen vorwiegend und in stets steigendem Maße auch die von ihnen gewollten Wirkungen haben. *Es ist der Sprung der Menschheit aus dem Reich der Notwendigkeit in das Reich der Freiheit.*«[2]

Auszüge aus: Karl Marx` ökonomische Lehren.
Gemeinverständlich dargestellt und erläutert von Karl Kautsky,
hrsg. u. eingel. v. Hans-Josef Steinberg, Berlin/Bonn 1980,
S. 249–255

2 Friedrich Engels: Die Entwicklung des Sozialismus von der Utopie zur Wissenschaft, in: MEW, Bd. 19, S. 226.

3 Karl Kautsky an Luise Ronsperger, 29.12.1889

LONDON, 29. DEZ. 1889

Verehrte Freundin!

Weihnachten ist vorbei, und nun haben Sie wohl Zeit und Ruhe gewonnen zum Nachdenken und zur Entscheidung in einer ernsten Angelegenheit. Jawohl, liebe Freundin, es ist sehr ernst, was ich Ihnen zu sagen habe: fast beschleicht mich ein Bangen ob der Größe der Entscheidung, vor die ich Sie und mich stelle. Möge sie günstig für mich ausfallen.

Meine liebe Freundin, Sie haben wohl schon aus meinen bisherigen Worten entnommen, was ich Ihnen zu sagen habe. Die Freundschaft und Zuneigung, die ich für Sie vom Anfang unserer Bekanntschaft an empfunden, für Sie, die vertraute Freundin meines Bruders, das Mädchen mit dem feinen Empfinden und dem kühnen Denken, wurde umso wärmer und inniger, je näher ich Sie kennenlernte, je mehr ich mir Ihr Verständnis für mich und meine Bestrebungen, die Harmonie unserer Gedanken, der Reichtum Ihres Herzens und Ihrer Intelligenz erschloss.

Seit Langem ist es mir klar geworden, dass ich Sie liebe, wahr und innig, dass ich nur an Ihrer Seite das Glück meines Lebens finden kann, seit Langem bildet Ihre Freundschaft und Ihr Vertrauen zu mir das beseligendste Moment für mich. Darf ich hoffen, dass Sie stark genug sind, zu einer Erwiderung meiner Gefühle zu führen und Sie wagen zu lassen, Ihr Schicksal in meine Hand zu legen?

Wie es sich da gestalten wird? Ich antworte darauf nicht mit Versprechungen. Es hängt ja weniger ab von unseren Wünschen als von unseren persönlichen Charakteren und Begabungen und von den Verhältnissen, die uns umgeben.

Von meiner Person brauche ich wohl nicht weiter zu reden, die kennen Sie ja zur Genüge.

Nur ein Wort über meine Verhältnisse. Ich lebe von meiner Feder und stehe in der Opposition. Das dünkt manchem ein großes Risiko. Zum Glück ist es in Wirklichkeit besser, als es für Fernstehende den Anschein hat. Ich bin kein Agitator, sondern ein Privatgelehrter, und ich habe das Glück gehabt, mich bei Zeiten auf die wissenschaftliche Behandlung eines Gebietes zu werfen, das bis vor Kurzem verhältnismäßig unbeachtet geblieben, der Soziologie. Nur wenige gibt es, die es beherrschen, gleich mir. Dies Gebiet ist aber seit einigen Jahren in allen Kulturländern in den Vordergrund des öffentlichen Interesses getreten und wird es von Tag zu Tag mehr. In demselben Maße wächst auch mein Publikum. Wie überall ist auch in der Schriftstellerei die schwierigste Zeit der Anfang, so lange man noch unbekannt ist. Ich bin in der angenehmen Lage, sagen zu können, dass diese Zeit hinter mir liegt. Ich habe heute einen Namen, wenn auch nicht in Österreich, so in Deutschland. Meine Arbeiten werden nicht bloß gelesen, sondern, was vom Standpunkt der Haushaltung viel wichtiger, auch gekauft.

Vor sieben Jahren, als ich die Redaktion der *Neuen Zeit* antrat, die ich gegründet und deren Miteigentümer ich bin, hatte ich ein jährliches Einkommen von 2000 Mark. Heute verdiene ich fast das Dreifache[1] dieser Summe, und meine Einnahmen beruhen auf festen, dauernden Abmachungen. Sie wachsen in demselben Maße, wie mein Publikum.

Die Art meiner Arbeiten ist eine solche, die mir die Wahl meines Aufenthaltsortes völlig freistellt. Bisher wurde diese nur durch die Rücksicht auf Studiengelegenheiten bestimmt.

Ich gebe gern zu, dass ich keine sogenannte gute Partie bin. Aber es ist auch keine kümmerliche Existenz, die Ihrer an meiner Seite harren würde, sondern eine auskömmliche Lebenshaltung auf demselben Fuße, auf dem Sie bisher gelebt haben, und ich weiß, Sie gehören nicht zu denen, die durch die Ehe avancieren wollen.

1 Die fast 6000 Mark des deutschen Kaiserreichs entsprachen damals etwa 3000 österreichischen Gulden. Einem von der Österreichischen Nationalbank ins Internet gestellten Rechner zufolge macht diese Summe heute einem Wert von rund 42 000 Euro aus.

So viel über meine materiellen Verhältnisse. Ich glaubte, dieselben eingehender berühren zu müssen, weil sie diesbezüglich am wenigsten von mir wissen dürften, nicht; weil ich sie für wichtiger halte als die ideellen Vorbedingungen einer Ehe.

Wohl weiß ich, dass zu einem glücklichen Familienleben auch ein entsprechendes Auskommen gehört, aber dies bietet nur die Möglichkeit eines glücklichen Familienlebens, eine glückliche Ehe. Dass die Möglichkeit zur Wirklichkeit wird, dazu reichen die materiellen Verhältnisse nicht aus, dazu gehören ideelle Vorbedingungen, vor allem eine Harmonie der Charaktere, des Fühlens und Denkens. Aber gerade diese hat sich in unserem Verkehr in seltenem Maße dokumentiert. Und das gibt mir den Mut, es zu wagen, Sie um Ihre Hand zu bitten, sie zu meiner Lebensgefährtin machen zu wollen. Dass ich damit nicht nur mein Glück, sondern auch das Ihre suche, ist selbstverständlich. Gibt es doch kein Glück mehr für mich ohne das Ihre, ist doch Ihr Glück mein vornehmstes Streben.

Meine teure Freundin! Wenn Sie diesen Brief lesen, bin ich bereits auf dem Wege nach Wien. Ich habe keinen ruhigen Augenblick mehr, ehe ich nicht Ihre Antwort weiß, liegt doch in Ihren Händen jetzt die Entscheidung über mein Lebensglück. Ich will nicht fern sein, wenn sie fällt. Sollte es in günstigem Sinne sein, sollten Sie mir Aussicht geben können, dass Sie meine Gefühle erwidern, dann möchte ich mich, wenn Sie es gestatten, sofort an die Ihren wenden, sie um ihre Zustimmung zu unserer Verbindung zu bitten.

[...] Mit den besten Empfehlungen an die ihrigen Ihr ergebener
Karl Kautsky

Auszüge aus: IISG, KKP, Inv.nr. 1559, Bl. 184–188

4 Parteitagsrede über Bernsteins Revisionismus, Oktober 1898

Es ist gegen verschiedene Redner der Vorwurf erhoben worden, dass sie gar nichts Neues zur Sache gebracht, den Kongress sehr enttäuscht hätten. Ich fürchte, dass dieser Vorwurf auch mich treffen wird, wenn man von mir erwartet, dass ich etwas besonderes Neues sagen werde. Ich halte das nach den großen Debatten, die wir bereits gehabt haben, für ganz unmöglich; alle entscheidenden Gesichtspunkte sind bereits vorgebracht. Ich hätte nicht das Wort ergriffen, wenn nicht meine Amtsführung angegriffen worden wäre und mein Stillschweigen infolge dessen missdeutet werden könnte. Es handelt sich um die bernsteinschen Artikel. Ich habe es mit Vergnügen bemerkt, dass niemand mir einen Vorwurf aus der Veröffentlichung der Artikel gemacht hat. Von allen Seiten ist anerkannt worden, dass diese Artikel sehr wichtige Probleme behandeln, sehr wichtige Gesichtspunkte in die Diskussion werfen, die für die Entwicklung unseres geistigen Lebens nützlich und notwendig sind. Nur hat man der Redaktion der *Neuen Zeit* den Vorwurf gemacht, dass sie diese Artikel ohne Erwiderung gebracht habe.[1] Das wäre unbedingt notwendig gewesen; denn so nützlich diese Artikel als Objekt für die Diskussion sind, so verderblich müssten sie sein, wenn sie ohne Widerspruch blieben, wenn sie gar in Zukunft für die Taktik der Partei maßgebend würden. Ich kann nun sagen, dass niemand mehr verwundert ist, dass sich aus diesen Artikeln in der *Neuen Zei*t keine Diskussion entwickelt hat, als ich selbst. Ich habe erwartet, dass alle diejenigen, die gegen Bernstein losgegangen sind, es in der *Neuen Zeit* tun würden. Die *Neue Zeit* ist das Diskussionsorgan der Partei. Ich hatte erwartet, dass vor allem auch die Genossin Luxemburg[2]

1 So etwa Clara Zetkin hier auf dem Parteitag.

2 Rosa Luxemburg beendete ihren Beitrag gegen Bernstein erst Anfang September, zu spät, um vor dem Parteitag in der *Neuen Zeit* erscheinen zu können. Ihre Artikelserie wurde Ende September in der *Leipziger Volkszeitung* gedruckt.

in der *Neuen Zeit* Bernstein angreifen würde. Das ist nicht geschehen. In Folge dessen ging viel Zeit verloren; weitere Zeit ging dadurch verloren, dass andere Leute mir Artikel gegen Bernstein versprochen, aber nicht gegeben haben. Inzwischen ist ein Artikel von Plechanow[3] erschienen, weitere werden folgen. Ich bin nicht selbstbewusst genug zu glauben, dass es darauf angekommen wäre, dass ich unmittelbar, nachdem Bernstein gesprochen, dazu Stellung genommen hätte. Ich glaube, die Partei hat nichts daran verloren, dass ich es nicht getan habe. Nun hat man aber dieses mein Schweigen als Zustimmung oder, wie Parvus[4] sagte, als Ratlosigkeit aufgefasst. Nun, dem Vorwurf der Ratlosigkeit brauche ich nicht entgegenzutreten; aber der Ansicht, dass ich deshalb nicht geantwortet habe, weil die Redaktion der *Neuen Zeit* vollständig auf dem Standpunkte Bernsteins stehe, möchte ich entgegentreten.

Ich ergreife sehr ungern das Wort, denn ich muss mich auseinandersetzen mit einem Manne, mit dem ich mich 18 Jahre lang in innigster Kampfgenossenschaft befinde, mit einem Mann, der in der schwersten Zeit der Partei an vorderster Stelle im Kampfe stand, der deswegen im Exil weilt, der nicht die Möglichkeit hat, seinen Standpunkt hier zu vertreten. Aber wo es gilt, Zweideutigkeiten zu beseitigen, können wir natürlich deswegen nicht Rücksichten nehmen. Ich werde mich nur bemühen, jedes verletzende Wort zu vermeiden und die unnötige Schärfe der Diskussion nicht weiterzuführen.

Sie haben durch den Mund Bebels die Erklärung Bernsteins gehört. Ich glaube, der gesamte Parteitag wird sich vor allem verwundert haben darüber, dass Bernstein es für nötig hält, eine Reihe von Punkten zu betonen als besonders notwendig, worüber gar keine Meinungsverschiedenheit besteht. Wenn er uns auseinandersetzt, dass der gesetzliche Weg für uns im ge-

3 Vgl. Georgi Plechanow: Bernstein und der Materialismus, in: Die Neue Zeit, 44/1889, Bd. 2, S. 545–555.; wieder abgedr. in: ders.: Eine Kritik unserer Kritiker. Schriften aus den Jahren 1898 bis 1911, hrsg. v. Erika Mieth, Berlin 1982, S. 5–20.

4 Bereits Ende Februar 1898 hatte Parvus gemutmaßt, dass ob ihres Schweigens die Schüler von Marx und Engels wohl in Verwirrung geraten seien, ehe er einen Monat später personifiziert nachlegte: »Ist aber Kautsky mit Bernstein *nicht* einverstanden, warum schweigt er? [...] Heraus mit dem Flederwisch, Freund Kautsky.« – Vgl. Parvus' Artikel in: Sächsische Arbeiter-Zeitung, 24.2. und 26.3.1898.

gebenen Moment vorteilhaft ist, dass die Gesetzlichkeit nicht uns tötet, sondern unsere Gegner, dass wir die Aufgabe der Reformen haben, demokratischer und ökonomischer, die Aufgabe, das Proletariat zu organisieren, so muss jeder fragen: Wie kommt Bernstein dazu, das zu sagen? Gibt es irgendeinen Menschen in der Partei, der nicht auf dem Standpunkt steht? Hier tritt deutlich zutage, dass Bernstein die Fühlung mit der Partei verloren hat. *(Zustimmung.)* Ich muss das leider sagen: Bernstein hat sich aus einzelnen Wendungen in der Presse, in verschiedenen Reden ein ganz falsches Bild von der Partei gemacht. Er glaubt, dass wir Blanquisten sind, die auf einen Zusammenstoß mit der bewaffneten Macht spekulieren etc. Ich glaube, es gibt keinen Parteigenossen, der daran denkt.

Ferner setzt uns Bernstein auseinander, dass die Entwicklung nicht so schnell vor sich geht, wie manche es wohl annehmen. Auch dieser Punkt, glaube ich, braucht nicht im Gegensatz zu Bernstein betont zu werden. Die Voraussetzung des Tempos der ökonomischen Entwicklung ist Sache des Temperaments.

Ich gehöre nicht zu denjenigen, die alle Differenzen leugnen; im Gegenteil, es liegen sehr große Differenzen vor, Differenzen taktischer und theoretischer Natur, die immer vorgelegen haben, seit die Partei besteht, und die sich sicherlich noch vertiefen werden, je größer die Partei wird, je mehr sie eine politische Macht wird; aber gerade die Frage des Tempos ist eine Frage des Gefühls, des Temperaments. Aber Bernstein geht darüber hinaus. Er sucht die Langsamkeit der Entwicklung mit Argumenten zu begründen, denen ich durchaus nicht beistimmen kann. Er setzt uns auseinander, dass die Zahl der Besitzenden, der Kapitalisten wächst, dass also die Grundlagen falsch sind, auf denen wir unsere Ansichten aufgebaut haben. Ja, wenn das richtig wäre, dann wäre der Zeitpunkt unseres Sieges nicht nur sehr weit hinausgeschoben, sondern dann kämen wir überhaupt nicht ans Ziel. *(Lebhafte Zustimmung.)* Wenn die Kapitalisten zunehmen und nicht die Besitzlosen, dann entfernen wir uns immer mehr vom Ziel, je mehr die Entwicklung vor sich geht, dann festigt sich der Kapitalismus, nicht der Sozialismus, dann kommen wir überhaupt nicht ans Ziel. *(Lebhafter Beifall.)* Aber gerade darauf will ich heute nicht eingehen, denn dann müsste ich gegen Bernstein polemisieren, und das möchte ich so viel wie möglich vermeiden, da, wo es nicht notwendig ist. Ich müsste auf die Berufs- und Einkommensstatistiken und dergleichen eingehen, und dazu ist der Parteitag nicht der Ort. Aber so viel ist sicher, dass das Wort von Marx noch heute wahr ist: Zunahme des Kapitals bedeutet auch Zunahme des Proletariats.

Weiter sagt Bernstein, dass die zukünftige Geschichte sich nicht mehr in Katastrophen entwickeln wird, dass die Zeit der Katastrophen vorüber sei. Er hat auf verschiedenen Äußerungen von Engels hingewiesen, die das beweisen sollen. Ich habe jetzt nicht alle Zitate von Engels so genau im Gedächtnis, dass ich sagen könnte, in welchem Zusammenhang sie gefallen sind; aber ich weiß mich keiner Äußerung von Engels zu erinnern, die besagen würde, dass Katastrophen künftighin ausgeschlossen seien.

Ich habe nicht die Absicht, sie mit einer Katastrophentheorie zu langweilen. Ich möchte nur denjenigen Teil der bernsteinschen Krisentheorie hier behandeln, der auch hier in der Versammlung Widerhall gefunden hat, nämlich die Fragen politischer Krisen und Katastrophen. Bernstein ist der Ansicht, dass die Entwicklung sich von jetzt an friedlich, allerdings nicht ohne Kämpfe, aber doch ohne große Katastrophen vollziehen kann. Das Proletariat gewinnt immer mehr politische Rechte, immer mehr ökonomische Macht durch die Gewerkschaftsbewegung, durch Einfluss in der Verwaltung der Gemeinden, die Bildung von Kooperativgenossenschaften usw.; so werde die sozialistische Produktionsweise allmählich die kapitalistische überwuchern, bis diese eines Tages in der sozialistischen Gesellschaft aufgeht. Diese Ansicht ist als töricht hingestellt worden. Nein, diese Ansicht von Bernstein beruht auf sehr triftigen Tatsachen. Sie hat nur den einen Fehler, und unser Unglück ist es, dass diese Tatsachen nicht in Deutschland zu finden sind, sondern in England. *(Sehr wahr!)* Nun wird man sagen: Ja, ganz richtig; England ist ja aber das klassische Land der kapitalistischen Produktionsweise, England zeigt uns unsere eigene Zukunft. Der Ansicht bin ich nicht. England ist allerdings das klassische Land des Kapitalismus, aber England ist ein ganz ausnahmsweises Land in Bezug auf seine politische Stellung, in Bezug auf seine Entwicklungsgesetze in politischer Beziehung, in Bezug auf seine politischen Tendenzen. In England sehen wir die Verhältnisse anders wie in der ganzen Welt. Dank seiner Geschichte, dank seiner insularen Lage sehen wir dort einen großen Staat ohne Armee, ohne Bürokratie, ohne Bauernstand, eine ganz minimale Landwirtschaft – die landwirtschaftliche Bevölkerung beträgt nur zehn Prozent der Gesamtbevölkerung. Wir sehen in England, dass der Gegensatz zwischen Kapital und Arbeit viel geringer ist als anderswo trotz der ökonomischen Fortschritte, dass das englische Kapital bereits viel zu groß geworden ist, um in der englischen Industrie allein Unterkunft zu finden. Das englische Kapital ist angelegt in der ganzen Welt; der Teil des in der englischen Industrie angelegten Kapitals wird relativ immer geringer, und der Teil der Bourgeoisie, der direkt an der Ausbeutung der englischen Arbeiter interessiert ist, dadurch auch immer geringer. Die Menschen sind aber von Natur zum Mitleid veranlagt, und das spricht immer mit, wo nicht eigene Interessen entgegenstehen. Und so sehen wir, dass die Bourgeoisie in England Arbeiterstreiks unterstützt, wo kapitalistische Gesellschaften die Gewerkschaften vernichten wollen. Der Philanthropismus ist in England eine Macht wie nirgends sonst. Dort ist es infolgedessen möglich, dass die Arbeiter auf friedlichem Wege ohne eine Katastrophe allmählich zur Macht gelangen. Das hat bereits Marx[5] vor mehr als 20 Jahren gesagt, indem er schrieb, dass England dasjenige Land sei, in welchem ein friedlicher Übergang vom Kapitalismus zum Sozialismus möglich sei. Möglich! Denn Katastrophen sind nicht ausgeschlossen. Wie die englische Bourgeoisie sich stellen wird, wenn die Arbeiter von ihrer politischen Macht Gebrauch machen, was sie bis jetzt nicht tun, ob die heutigen

5 Wahrscheinlich hatte Kautsky, der sich intensiv mit der I. Internationale beschäftigte, die in der Presse veröffentlichte Rede vom September 1872 im Auge. Vgl. Karl Marx: [Rede über den Haager Kongress], in: MEW, Bd. 18, S. 160.

Bourgeois dann nicht gegen das sozialistische Proletariat rebellieren, das können wir jetzt noch nicht wissen. Solche Zustände wie in England finden Sie sonst nirgends in der ganzen Welt, auch in Amerika, das mit England sonst so viel gemeinsam hat, finden Sie ganz andere Zustände. Nirgends ist die Neigung zu gewaltigen Katastrophen so groß, so naheliegend, wie in Amerika. Und schon Amerika allein würde die bernsteinsche Theorie über den Haufen werfen. Aber auch bei uns in Europa steht es nicht anders. Überall Militarismus in höchster Ausgestaltung, überall eine Bürokratie, die absolutistisch herrscht, nicht nur in den monarchischen Staaten, sondern auch in Frankreich. Wir haben ferner auf dem Kontinent von Europa einen maßgebenden Einfluss des Großgrundbesitzes, die Bourgeoisie beugt sich unter die Säbelherrschaft, sie hat aufgehört, eine demokratische Macht zu sein. Hier bei uns gibt es nur eine demokratische Macht, das ist das Proletariat. Wir können die demokratischen Reste aus der Jugendzeit der Bourgeoisie vielleicht noch benutzen, aber dass diese die Möglichkeit hätte, neue demokratische Rechte zu erobern, das ist ausgeschlossen, das ist nur möglich durch das Proletariat selbst. *(Lebhafte Zustimmung!)* Wenn Bernstein meint, dass wir erst die Demokratie haben müssen, um dann Schritt für Schritt das Proletariat zum Siege zu führen, so sage ich, die Sache steht bei uns umgekehrt, der Sieg der Demokratie wird bei uns bedingt durch den Sieg des Proletariats. *(Lebhafter Beifall.)* Wir können zur wahren Demokratie gar nicht gelangen ohne das Proletariat. Ich gebe zu, dass das eine sehr schwierige Aufgabe für uns ist, das Proletariat kann sich nicht leicht entwickeln ohne Demokratie. Ich gebe zu, dass der Weg, den das englische Proletariat geht, besser ist, weniger Opfer erfordert, und dass wir wünschen müssen, denselben Weg gehen zu können, aber der Gang der Geschichte wird nicht von frommen Wünschen bestimmt, sondern von Tatsachen, und diese sagen uns, dass der Weg Englands für uns ungangbar ist, dass der Sieg der Demokratie nur durch den Sieg des Proletariats erfolgen kann.

Glaubt aber einer, dass dieser Sieg möglich ist ohne Katastrophe? Ich wünsche es, aber ich glaube es nicht. *(Zustimmung.)*

Die Demokratie und auch das Proletariat wird immer mehr in die Defensive gedrängt, der Liberalismus hat abgedankt. Statt dass die bürgerliche Demokratie vorwärts geht, geht sie zurück, und wir stehen unter dem Zeichen des Vordringens der Reaktion. Es ist ein gordischer Knoten, der sich immer mehr verwickelt, und dass dieser auf einem anderen Weg gelöste werden kann, wie jener alte, glaube ich nicht. Wir sehen überall in Europa große Katastrophen sich vorbereiten. Steht nicht Österreich vor einer Katastrophe? Steht nicht Italien vor einer blutigen Katastrophe, nicht Spanien? Schickt sich Frankreich nicht an zu einem schweren Kampf zwischen der bürgerlichen Freiheit und dem Militarismus und Pfaffentum? Und wovon redet man in Deutschland? Redet man etwa von Erweiterung der Rechte des Volkes, von Erweiterung des Koalitionsrechtes? Nein, man redet von Staatsstreich, von Abschaffung des Wahlrechts, vom Zuchthaus. Das sind die Aussichten, die uns offen sind, und bei diesen Aussichten ist der Weg, den Bernstein vorschlägt, undenkbar. *(Lebhafter Beifall.)* Wäre Bernstein in unserer Mitte, er wäre der Erste, der diesen Weg verurteilen würde, das ist meine feste Überzeugung.

Uns stehen schwere Kämpfe bevor, und was wir für diese Kämpfe vor allem brauchen, ist der Glaube an uns selbst, ist die Siegeszuversicht. *(Stürmischer Beifall.)* Nicht die Siegeszuversicht, die uns vielleicht dazu führt, den Gegner zu unterschätzen, den Gegner leichtfertigerweise zu provozieren oder die Hände in den Schoß zu legen; nein, wir müssen gefasst sein auf schwere Opfer, und diese Zuversicht kann nur darin bestehen, dass wir sagen: Wie schwer die Opfer auch sein mögen, und wenn wir auch eine augenblickliche Niederlage erleiden, zum Schluss muss der Sieg doch unser sein. *(Stürmischer Beifall.)* Man hat Bernstein vorgeworfen, dass seine Artikel unsere Siegeszuversicht verringern, dem kämpfenden Proletariat in die Arme fallen. Dieser Ansicht bin ich nicht. Wäre ich es, dann wäre es allerdings eine Pflichtverletzung gewesen, wenn ich als Redakteur eines sozialistischen Blattes die Artikel Bernsteins aufgenommen hätte. Aber so ist es nicht. Unser Glaube an uns selbst darf nicht ein Köhlerglauben sein, er darf nicht auf überlieferten Anschauungen beruhen, die man unbesehen hinnimmt und die jetzt vielleicht nicht mehr standhalten können; unser Glaube an uns selbst muss auf immer neuer Prüfung beruhen. Wenn die Artikel von Bernstein wirklich den einen oder anderen in seiner sozialistischen Überzeugung wankend gemacht haben sollten, dann wäre es nur ein Beweis, dass es um solche Leute nicht sehr schade ist *(Sehr gut!)*, dass ihre Überzeugung nicht sehr tief gewurzelt hatte und dass sie die erste Gelegenheit benutzten, um uns den Rücken zu kehren, und dann können wir froh sein, dass es jetzt schon geschieht, statt bei einer Katastrophe, wo wir jeden Mann brauchen. *(Lebhafter Beifall.)* Nein, Bernstein hat uns nicht entmutigt, sondern uns nur zum Nachdenken veranlasst *(Beifall)*, dafür wollen wir ihm dankbar sein. Aber wir wollen nicht kämpfen auf der Bahn, die er uns vorschlägt, wir wollen kämpfen auf der Bahn, die uns die Verhältnisse vorschreiben, und dann werden wir siegen. *(Stürmischer Beifall und Händeklatschen.)*

Protokoll über die Verhandlungen des Parteitages der Sozialdemokratischen Partei Deutschlands. Abgehalten zu Stuttgart vom 3. bis 8. Okt. 1898, Berlin 1898, S. 126–130.

5 Parteitagsrede über den Etat der *Neuen Zeit*, September 1902

Es sind hier Stimmen laut geworden, unser Redaktionsetat sei zu hoch [...]. Ja, es wurde sogar in auffälliger Weise Aufklärung verlangt über die Verhältnisse der *Neuen Zeit*. Würde ich diese Auskunft verweigern, so könnte der Anschein erweckt werden, als hätten wir Veranlassung, irgendetwas zu verheimlichen. Unser Redaktionsetat beträgt 10 400 Mark pro Jahr, davon entfallen 3000 Mark auf Mehring, 2400 Mark auf Wurm und 5000 Mark auf mich. [...]

Die eigentlichen Redaktionsgeschäfte besorgt Wurm. Nun könnte man ja sagen, zwei Redakteure sind zu viel für eine Wochenschrift. Das wäre richtig, wenn wir nichts anderes zu tun hätten, als dafür zu sorgen, dass jede Nummer regelmäßig erscheint und dass in ausreichender Zahl Manuskripte vorhanden sind. Aber unsere Zeit wird noch durch eine andere Tätigkeit in Anspruch genommen. Mehr und mehr hat sich die Gewohnheit herausgebildet, dass, wer eine Broschüre schreibt, einen Vortrag halten oder sonst Aufklärung haben will, sich an die Redaktion der *Neuen Zeit* um Rat wendet. Es ist vielleicht unvorsichtig, das hier auszusprechen, denn ich fürchte, es wird jetzt eine Flut von Anfragen sich über uns ergießen. *(Heiterkeit.)* Die Redaktion der *Neuen Zeit* hat sich zu einem Arbeitersekretariat, zu einem Studentensekretariat, ja sogar zu einem Doktorensekretariat, und ich kann Ihnen mitteilen – allerdings unter dem Siegel der Verschwiegenheit *(Heiterkeit)* – auch zu einem Professorensekretariat entwickelt, und unsere Tätigkeit erstreckt sich nicht nur auf Deutschland. Die Bedeutung der *Neuen Zeit* ist eine internationale, sie wird in allen Ländern gelesen, und aus allen Ländern kommen Anfragen an uns, namentlich seit dem Tode Liebknechts. Aber damit ist die Tätigkeit der Redaktion nicht erschöpft. Könnten wir die Manuskripte einfach zurücksenden, so wäre es sehr bequem, aber wir sind doch nicht bloß Redakteure, sondern auch Parteigenossen. Die Redaktion hat auch die Aufgabe, einen schriftstellerischen Nachwuchs heranzubilden; diese unbrauchbaren Manuskripte stammen oft von jungen Leuten, die vorläufig nicht in der Lage sind, Brauchbares zu leisten, die aber sehr viel versprechen und denen wir unter die Arme greifen müssen. Das ist eine sehr anstrengende und undankbare Aufgabe, undankbar, weil die jungen Leute oft nicht das halten, was sie versprechen. Namentlich mit den Studenten haben wir traurige Erfahrungen gemacht, sie werden Doktoren, Privatdozenten und dann kommt ihnen die wissenschaftliche Erkenntnis und was sie bei der Sozialdemokratie gelernt haben, benützen sie, um sie zu bekämpfen. Wurm hat außer seiner redaktionellen Tätigkeit auch noch eine Reihe von Beiträgen zu liefern, die nicht extra bezahlt werden. Mein Gehalt beträgt 5000 Mark. Ich gebe zu, eine ansehnliche Summe, aber wenn das Gehalt zu hoch ist, so bin ich nicht daran schuld, denn ich habe in den 28 Jahren, welche ich in der Partei tätig bin, niemals eine Forderung gestellt. Was mir gegeben ist, ist mir freiwillig gegeben worden, ich habe früher sehr gern für die *Neue Zeit* für ein Monatsgehalt von 150 Mark gearbeitet. Dietz hat mein Gehalt immer freiwillig erhöht. Aber die 5000 Mark sind kein reines Honorar, es muss eine Reihe von Ausgaben davon bestritten werden. Bücher und Zeitschriften werden mir nicht geliefert. *(Hört! Hört!)* Auch einen Teil der Portokosten muss ich selbst bestreiten, ich bekomme jährlich 120 Mark Portogeld, wie haben aber durchschnittlich 1000 bis 1200 Briefe zu schreiben, darunter einen großen Teil Doppel- und Auslandsbriefe, ferner einige hundert Postkarten, Bücherpakete und Kreuzbandsendungen. Ich muss vielleicht 150 Mark jährlich auf die Porto-Entschädigung zulegen. Endlich werden auch meine Beiträge nicht besonders honoriert, auch sie fallen auf das Redaktionskonto. Die festen Gehälter aber, die wir beziehen, bilden die materielle Grundlage, die es uns ermöglicht, eine Reihe wissenschaftlicher Arbeiten zu leisten [...]. Wissenschaftliche Arbeiten kann nur derjenige liefern, der entweder Vermögen besitzt oder eine feste Stellung hat. Für uns kommen nur zwei Arten fester Stellung in Betracht: Redaktion oder Gefängnis. *(Heiterkeit.)* Ich weiß nicht, zu welcher Art fester Stellung Sie die *Neue Zeit* rechnen, aber jedenfalls bildet das feste Gehalt für Mehring und mich ebenso wie früher für Bernstein und Schippel die materielle Grundlage für die wissenschaftlichen Arbeiten. Wie Sie die wissenschaftlichen Arbeiten beurteilen, weiß ich nicht; sind Sie der Ansicht, dass diese Arbeiten nur Spintisierereien sind, so wäre es ganz überflüssig, unser Gehalt zu reduzieren. Dann sägen Sie uns lieber ab. Glauben Sie jedoch, dass unsere Tätigkeit von Nutzen ist, so sehe ich Ihrem Verdikt mit Ruhe entgegen. [...]

Das Defizit der *Neuen Zeit*[1] ist eine Erscheinung, mit der Sie sich abfinden müssen und die Sie auf keinen Fall nervös machen darf. Das Defizit der *Neuen Zeit* existiert so lange wie das Blatt selbst, auch alle übrigen wissenschaftlichen Zeitschriften machen Defizit. Die Wissenschaft ist eben in der heutigen Gesellschaft ein schlechtes Geschäft, auch das Handbuch von Schippel[2] macht Defizit. Erst vor einigen Tagen äußerte ein Parteigenosse, der Buchhändler war, sein Erstaunen über die Geringfügigkeit des Defizits der *Neuen Zeit. (Sehr richtig!)* Wenn Reformvorschläge zur Verringerung des Defizits der *Neuen Zeit* gemacht werden, so will ich als der Erste freudig für solche Vorschläge eintreten, der vorliegende Antrag[3] aber würde die *Neue Zeit* entweder verkümmern oder das Defizit vermehren. Ich bitte Sie, diesen Antrag abzulehnen.

Protokoll über die Verhandlungen des Parteitages der Sozialdemokratischen Partei Deutschlands. Abgehalten zu München vom 14. bis 20. Sep. 1902, Berlin 1902, S. 256–259.

1 Der geschäftliche Verlust der *Neuen Zeit* beträgt für das Rechnungsjahr 1901/02 mehr als 10 000 Mark. Im Folgejahr kann dieser auf 7200 Mark verringert werden. Durch den Gewinn, erzielt mit der Satirezeitschrift *Der Wahre Jacob*, wird das Defizit mehr als ausgeglichen, ehe ab 1906/07 auch mit der *Neuen Zeit* bis 1914 fast durchgängig schwarze Zahlen geschrieben werden können.

2 Vgl. Max Schippel: Sozialdemokratisches Reichstags-Handbuch. Ein Führer durch die Zeit- und Streitfragen der Reichsgesetzgebung, Berlin 1902.

3 Parteigenossen aus Hannover und Karlsruhe hatten beantragt, die *Neue Zeit* wieder in eine Monatsschrift zu verwandeln. Das wurde abgelehnt.

6 Der Weg zur Macht. Politische Betrachtungen über das Hineinwachsen in die Revolution

Zu diesen allgemeinen Ursachen des moralischen und intellektuellen Niedergangs alles Machthabertums in einem konservativen Stadium gesellen sich jetzt noch besondere, die der Eigenart des Kapitalismus entspringen.

Ehedem waren die ausbeutenden Klassen auch die regierenden. Wenigstens die Spitzen des staatlichen Apparats reservierten sie für sich. Die Kapitalistenklasse dagegen ist so von der Geschäftsmacherei erfüllt, dass sie die Politik andern überlässt, die freilich im Grunde nichts anderes sind als ihre Kommis – in demokratischen Ländern Geschäftspolitikern, Parlamentariern und Journalisten, in absolutistischen der Hofgesellschaft, in Ländern mit einer Zwischenstellung einem bunten Gemisch dieser Elemente, wobei bald das eine, bald das andere überwiegt.

Solange die kapitalistische Ausbeutung gering ist, heißt die Losung des Kapitals: Sparen, und es sucht sie auch der Staatsverwaltung beizubringen. Das Kleinbürgertum bleibt dieser Losung nolens volens getreu, das Großkapital entwickelt dagegen, je mehr der Grad der Ausbeutung steigt, die es übt, eine Prunksucht und Verschwendung, die schließlich ein ebenso tolles Tempo einschlägt wie das Wettrüsten und ebenso wahnwitzige Formen annimmt.

Ehedem waren es die Herren des Staates, die an Reichtum und Prunk alle Untertanen hinter sich ließen. Jetzt werden die Politiker und Staatsmänner bis in die höchsten Regionen hinauf immer mehr ausgestochen von den Beherrschern der hohen Finanz. Die regulären Einnahmen der regierenden Staatsmänner aus dem Staatssäckel zu steigern, geht aber schwer, namentlich in parlamentarischen Staaten, wo man Rücksichten auf die Wähler und Steuerzahler zu nehmen hat, die nach Sparsamkeit schreien. Es geht umso schwerer, je mehr die Kriegsrüstungen das ganze Wachstum der Staatseinnahmen aufsaugen.

Wollen Politiker und Staatsmänner die steigende Lebenshaltung der großen Ausbeuter mitmachen, dann bleibt ihnen nichts übrig, als sich neben den legitimen Einnahmequellen illegitime zu eröffnen durch Ausnutzung und Prostituierung ihres staatlichen Einflusses. Sie benutzen ihre Kenntnis der Staatsgeheimnisse und ihren Einfluss auf die Staatspolitik zu Börsenspekulationen, sie beuten die Gastfreiheit der großen Ausbeuter in parasitischster Weise aus; sie lassen sich von ihnen ihre Schulden bezahlen, ja nehmen schließlich in den schlimmsten Fällen direkte Bestechungen an, um dafür ihre politische Macht zu verkaufen.

Das Übel ist allgemein in allen kapitalistischen Staaten mit großen Ausbeutern zu finden. Es ergreift stets die politisch einflussreichsten Organe am ehesten, in demokratischen Staaten die Parlamentarier und Journalisten, in absolutistischen die Hofgesellschaft. Überall züchtet es eine tiefgehende Korruption, die umso rascher um sich frisst, je mehr die kapitalistische Ausbeutung und Verschwendung und damit die Bedürfnisse, auch der Politiker und Staatsmänner, wachsen, je mehr die Kraft durch die wirtschaftlichen Funktionen der Staatsgewalt steigen.

Wohl darf man nicht glauben, dass die von der Korruption Betroffenen ihrer stets bewusst oder dass alle Politiker und Staatsmänner der herrschenden Klassen korrupt sind. Das wäre übertrieben. Aber die *Verführung* zur Korruption steigt immer mehr in diesen Kreisen, es erfordert eine immer größere Charakterstärke, ihr nicht zu erliegen, und man erliegt ihr umso leichter, je verbreiteter die Atmosphäre der Korruption, je entwickelter und einschmeichelnder ihre Praxis, die den von der Korruption Ergriffenen seinen Niedergang gar nicht fühlen lässt.

So sehen wir in demselben Maße, in dem sich die Probleme der Politik immer mehr komplizieren, in dem sie immer größere Anforderungen an Wissen, Gewissenhaftigkeit, weiten Blick und Entschlossenheit der Staatsmänner stellen, dass in demselben Maße in den herrschenden Klassen immer mehr seichte Schwätzerei anstelle wissenschaftlichen Ernstes tritt, Leichtfertigkeit an Stelle der Gewissenhaftigkeit, persönliches Streber- und beschränktes Intrigantentum an Stelle konsequenter Verfolgung weiterer Ziele, haltloses Schwanken zwischen herausfordernder Brutalität und feigem Zurückweichen anstelle ruhiger, entschlossener Festigkeit. Und gleichzeitig tiefgehende Begehrlichkeit und Korruption, die hier in einem Panamaskandal zutage tritt, dort in einem Bündnis zwischen Gouverneuren und Gaunern, fast überall in Betrügereien und Lieferanten von Kriegsmaterial, die hier mürbe Panzerplatten liefern, dort unbrauchbare Geschütze, an anderer Stelle wieder dem Vaterland das Doppelte dessen anrechnen, was sie vom Ausland nehmen. Seit jeher bildeten die Kriegslieferungen ein Mittel der Bereicherung vieler Kapitalisten, aber noch nie standen die Lieferanten von Kriegsmaterial den Regierungen so nahe wie jetzt, hatten sie so viel Einfluss auf die Politik, die über Krieg und Frieden entscheidet.

Und diese selben Lieferanten sind heute die größten Industriellen, die größten Ausbeuter des Proletariats. Sie haben das größte Interesse an brutalem Krieg gegen den inneren wie gegen den äußeren Feind und den größten Einfluss auf die Regierungen, die immer mehr aus haltlosen Individuen bestehen.

Da muss jeder Staat von seinen Nachbarn, muss die Arbeiterklasse eines jeden Staats von ihren Beherrschern jeden Moment auf eine Provokation, auf einen Überfall gefasst sein, die unabsehbares Unheil nach sich ziehen können. Alles das kann im Kleinbürgertum eine neue Wandlung hervorrufen.

Natürlich vollzieht sich der moralische Niedergang der herrschenden Klassen in Regionen, die der Volksmasse unzugänglich sind. Es erfordert eine Katastrophe, wie z. B. den russisch-japanischen Krieg, um die ganze Fäulnis des Systems bloß zu legen. In gewöhnlichen Zeiten wird zunächst nur hier und da durch besondere Ungeschicklichkeit ein Zipfelchen des Mantels gelüftet, der sonst alles schamhaft verhüllt. Die klassenbewussten Proletarier werden durch solche Enthüllungen nur wenig berührt. Sie stehen den herrschenden Klassen seit jeher feindlich gegenüber und täuschen sich nicht über deren sittliche Qualitäten.

Anders das Kleinbürgertum. Je mehr es seiner demokratischen Vergangenheit untreu wird, je mehr es sich hinter die Regierungen verkriecht und von ihnen Hilfe erwartet, je größer sein Vertrauen zu ihnen und ihrer Unerschütterlichkeit, umso größer sein Entsetzen, wenn ihm ihr Tiefstand offenkundig wird und ihr Prestige zum Teufel geht.

Und gleichzeitig wächst seine Bedrängung durch die großen Kapitalistenringe und durch die Anforderungen des Staates an seinen Geldbeutel. Das verbessert nicht sein Vertrauen zu den herrschenden Klassen.

Vollends aus dem Häuschen müsste es aber kommen, wenn Unfähigkeit, Leichtsinn, Korruption der Regierenden frivolerweise eine Katastrophe heraufbeschwören sollten, einen Krieg oder einen Staatsstreich, der das Land den schlimmsten Bedrängnissen aussetzte. Da wird sich umso leichter und wilder die blinde Wut des Kleinbürgertums mit einem Male gegen die zu solcher Zeit Regierenden wenden, je mehr es früher von ihnen erwartet, je gewaltiger es sich ihre Einsicht und Hoheit übertrieben hatte.

Das letzte Jahrzehnt hat sich im Kleinbürgertum ein steigender Hass gegen das Proletariat entwickelt. Dieses muss seine Politik darauf einrichten, die kommenden Kämpfe allein auszufechten. Aber schon Marx hat darauf hingewiesen, dass der Kleinbürger als Mittelding zwischen Kapitalist und Proletarier zwischen beiden hin und her schwankt, der Mann des einerseits und andererseits ist. Wir dürfen auf ihn nicht rechnen, er wird stets ein unsicherer Kantonist sein – als Masse, vereinzelte können vorzügliche Parteigenossen sein –; seine Feindschaft gegen uns kann noch wachsen. Aber das schließt nicht aus, dass er eines Tages unter der Wirkung unerträglichen Steuerdrucks und eines plötzlichen moralischen Zusammenbruchs der Herrschenden in Masse zu uns abschwenkt und vielleicht dadurch unsere Gegner hinwegfegt, unseren Sieg entscheidet. Und wahrlich, er könnte keinen klügeren Streich tun, denn das siegreiche Proletariat hat allen jenen, die nicht Ausbeuter sind, allen Unterdrückten und Ausgebeuteten, auch solchen, die heute als Kleinbürger oder Kleinbauern vegetieren, eine gewaltige Verbesserung ihrer Lebenslage zu bieten.

So feindlich das Kleinbürgertum uns momentan gegenüberstehen mag, es ist weit entfernt, eine feste Stütze des Bestehenden zu bilden. Auch es wankt und kracht in allen Fugen, wie alle anderen Stützen der Gesellschaft.

Die Sicherheit des Bestehenden hört im Volksbewusstsein ebenso wie in der Wirklichkeit immer mehr auf, man fühlt, dass wir in eine Periode allgemeiner Unsicherheit geraten sind, dass es so nicht mehr weitergehen kann, wie es ein Menschenalter voranging, dass die heutigen Zustände, die rapid immer unhaltbarer werden, kein Menschenalter mehr überleben können.

In dieser allgemeinen Unsicherheit sind aber die nächsten Aufgaben des Proletariats klar gegeben. Wir haben sie bereits entwickelt.[1] Es kommt nicht mehr vorwärts ohne Änderung der staatlichen Grundlagen, auf denen es seinen Kampf führt. [...]

Ebenso klar wie diese Aufgaben liegen auch die Mittel zutage, die uns zu ihrer Lösung zu Gebote stehen. Zu den bisher schon angewandten ist noch der *Massenstreik* getreten, den wir theoretisch bereits anfangs der neunziger Jahre akzeptierten, dessen Anwendbarkeit unter günstigen Umständen seitdem wiederholt erprobt wurde. Wenn er seit den glorreichen Tagen von 1905 etwas in den Hintergrund getreten ist, so beweist das nur, dass er nicht in jeder Situation wirksam ist, dass es töricht wäre, ihn unter allen Umständen anwenden zu wollen.

1 Kautsky hatte auf S. 83 dieser Schrift als nächste Aufgaben des Proletariats zusammengefasst: »Die Verbesserung des Reichstagswahlrechts, die Eroberung des gleichen und geheimen Wahlrechts zu den Landtagen, namentlich Sachsens und Preußens, die Erkämpfung einer herrschenden Stellung des Reichstags sowohl gegenüber den Regierungen wie gegenüber den Einzellandtagen, das sind Aufgaben, die speziell das deutsche Proletariat angehen, das erst die volle Demokratie und Reichseinheit zu erkämpfen hat. Der Kampf gegen Imperialismus und Militarismus ist die gemeinsame Aufgabe des gesamten internationalen Proletariats.«

So weit ist die Situation klar. Aber nicht das Proletariat allein kommt bei den bevorstehenden Kämpfen in Betracht, zahlreiche andere Faktoren werden dabei mitwirken, die völlig unberechenbar sind.

Unberechenbar sind unsere Staatsmänner, ihre Personen wechseln rasch und ebenso rasch ihre Stimmungen. Von einer konsequenten, zielbewussten Politik ist bei ihnen nicht mehr zu reden.

Unberechenbar sind auch die kleinbürgerlichen Massen, die bald hierhin, bald dorthin ihr Schwergewicht in die Waagschale werfen und sie unstet auf- und niederzucken lassen.

Noch unberechenbarer sind weiter die Wirrnisse der auswärtigen Politik, an der so viele unstete Staaten beteiligt sind, sodass die Unberechenbarkeit der inneren Politik eines jeden Staates in der auswärtigen noch vervielfacht in Erscheinung tritt.

Völlig unberechenbar endlich sind die Wandlungen der Staaten des Orients, bei denen so viele völlig neue Faktoren in Wirkung treten, über die noch gar keine Erfahrungen vorliegen.

Alle diese Faktoren sind jetzt in innigste und ununterbrochene Wechselwirkung getreten, sie werden dafür sorgen, dass wir aus den Überraschungen nicht herauskommen.

In diesem allgemeinen Schwanken wird sich aber die Sozialdemokratie umso mehr behaupten, je weniger sie selbst schwankt, je fester sie sich selbst treu bleibt. Gegenüber der haltlosen Stimmungspolitik wird sie das Kraftbewusstsein der arbeitenden Massen umso mehr steigern, je mehr ihre Theorie ihr eine konsequente, zielsichere Praxis ermöglicht. Je mehr sich inmitten der Erschütterungen jegliche Autorität die Sozialdemokratie sich als unerschütterliche Macht bewährt, desto höher wird ihre Autorität steigen. Und je mehr sie in unversöhnlicher Opposition gegen die Korruption der herrschenden Klassen verharrt, desto lebhafter das Vertrauen, das ihr die großen Volksmassen inmitten der allgemeinen Fäulnis entgegenbringen, die heute auch schon die bürgerliche Demokratie erfasst hat, welche ihre Grundsätze völlig preisgibt, bloß um Regierungsgunst zu gewinnen.

Je unerschütterlicher, konsequenter, unversöhnlicher die Sozialdemokratie bleibt, umso eher wird sie ihre Gegner meistern.

Es heißt, der Sozialdemokratie politischen Selbstmord zumuten, wenn man von ihr gerade jetzt die Teilnahme an einer Koalitions-, einer Blockpolitik verlangt, wo das Wort von der »reaktionären Masse« zur Wahrheit geworden ist. Es heißt, von der Sozialdemokratie moralischen Selbstmord verlangen, wenn man will, sie solle sich durch die Blockpolitik mit bürgerlichen Parteien verbinden, eben jetzt, wo diese sich prostituiert und aufs Tiefste kompromittiert haben; sie solle sich mit ihnen verbinden zur Förderung gerade jener Prostitution.

Besorgte Freunde befürchten für die Sozialdemokratie ein vorzeitiges Gelangen zur Staatsmacht *durch* eine Revolution. Aber wenn es für uns ein vorzeitiges Gelangen zur Staatsmacht gibt, so ist es die Gewinnung eines Anscheins von Staatsmacht *vor* der Revolution, das heißt, ehe das Proletariat die wirkliche politische Macht errungen hat. Solange dies nicht gelungen, kann die Sozialdemokratie zu einem Anteil an der Staatsmacht nur dadurch gelangen, dass sie einer bürgerlichen Regierung ihre politische Kraft *verkauft*. Das *Proletariat* als Klasse kann dabei nie gewinnen, sondern im besten Falle nur die *Parlamentarier*, die das Verkaufsgeschäft abschließen.

Wem die Sozialdemokratie das Mittel ist, das Proletariat zu befreien, der muss sich derartiger Teilnahme seiner Partei an der herrschenden Korruption auf das Entschiedenste widersetzen. Wenn es ein Mittel gibt, uns das Vertrauen aller ehrlichen Elemente in den Massen zu rauben, uns die Missachtung aller kampffähigen und kampflustigen Proletarierschichten zuzuziehen, unseren Aufstieg zu hemmen, dann besteht es in der Teilnahme der Sozialdemokratie an einer Blockpolitik.

Gedeihen würden dabei nur jene Elemente, denen unsere Partei nichts ist als die Leiter, um persönlich höher zu kommen, die *Streber* und Ämterjäger. Je weniger solche Elemente wir an uns ziehen, je mehr wir davon abstoßen, desto besser für unseren Kampf.

Wie sich dieser im Einzelnen gestalten wird, darüber ist freilich über das hier Bemerkte hinaus kaum etwas Bestimmtes zu sagen. Niemals war es schwieriger wie jetzt, Formen und Tempo der kommenden Entwicklung vorauszusagen, wo alle in Betracht kommenden Faktoren, das Proletariat ausgenommen, so unbestimmt und unberechenbar sind.

Sicher ist nur die allgemeine Unsicherheit. Sicher, dass wir in eine Periode allgemeiner Unruhe, steter Machtverschiebungen eingetreten sind, die, wie immer ihre Formen und ihre Dauer auch sein mögen, nicht eher mehr in einem Zustande länger dauernder Ruhe enden kann, als bis das Proletariat die Kraft erlangt hat, die Kapitalistenklasse politisch und ökonomisch zu expropriieren und damit eine neue Ära der Weltgeschichte zu inaugurieren.

Ob diese revolutionäre Periode ebenso lange dauern wird, wie die der Bourgeoisie, die 1789 begann und bis 1871 währte, ist natürlich unabsehbar. Wohl vollzieht sich heute alle Entwicklung weit rapider als ehedem, aber andererseits ist auch das Kampffeld ungeheuer gewachsen. Als Marx und Engels das »Kommunistische Manifest« schrieben, sahen sie als Kampffeld der proletarischen Revolution nur Westeuropa vor sich. Heute ist es die ganze Welt geworden. Heute werden die Schlachten im Befreiungskampfe der arbeitenden und ausgebeuteten Menschheit nicht nur an der Spree und an der Seine geschlagen, sondern auch am Hudson und am Mississippi, an der Newa und den Dardanellen, am Ganges und am Hoangho.

Und ungeheuer, wie das Kampffeld ist auch die Aufgabe, die ihm schließlich entsprießt: die gesellschaftliche Organisation der Weltwirtschaft.

Aber das Proletariat wird aus der revolutionären Ära, die anhebt und vielleicht ein Menschenalter lang dauert, auch anders hervorgehen, als es in sie hineingeht.

Bildet heute schon seine Elite die stärkste, weitblickende, selbstloseste, kühnste, in den größten freien Organisationen vereinigte Schicht der Nationen europäischer Kultur, so wird es im Kampf und durch den Kampf die selbstlosen und weitblickenden Elemente aller Klassen in sich aufnehmen, in seinem eigenen Schoße selbst seine zurückgebliebensten Elemente organisieren und bilden, mit Hoffnungsfreudigkeit und Einsicht erfüllen; wird es seine Elite an die Spitze der Kultur erheben und fähig machen, jene ungeheure ökonomische Umwandlung zu leiten, die allem aus Knechtschaft, Ausbeutung, Unwissenheit entstehenden Elend schließlich auf dem ganzen Erdenrund ein Ende bereiten wird.

Glücklich jeder, der berufen ist, an diesem erhabenen Kampfe und herrlichem Siege teilzunehmen!

Karl Kautsky: Der Weg zur Macht. Politische Betrachtungen über das Hineinwachsen in die Revolution, 2., durchgeseh. Aufl., Berlin 1909, S. 98–104.

7 Der Krieg[1]

Vor drei Jahren überfiel Italien urplötzlich das wehrlose Tripolis. Ebenso urplötzlich fällt heute Österreich über das kleine Serbien her.[2] Banditenpolitik wurde das Vorgehen Italiens genannt. Diese Politik des plötzlichen Überfalls Schwächerer scheint Mode unter den europäischen Mächten werden zu wollen. Als Vorwand weiß Österreich nichts vorzubringen als ein paar Beschuldigungen, die aus demselben Milieu entstammen wie der Friedjungprozess und der famose Konsul Prochaska und daher einstweilen nicht den mindesten Glauben beanspruchen können.[3] [...]

Man kann zur Entschuldigung der österreichischen Staatslenker nur eines sagen: ein vernünftiges, das heißt ein wirksames Mittel, all der Tendenzen Herr zu werden, die den Zusammenhang des Staates lockern und bedrohen – ein solches Mittel ist überhaupt nicht zu finden. Die Lage des Staates ist eine verzweifelte, und den Krieg vermag man nur als einen Ausbruch der Verzweiflung, nicht als Ergebnis eines wohlüberlegten Planes zu verstehen.

1 Der Artikel erschien im *Vorwärts* ungezeichnet. In Kautskys Nachlass fanden sich aber zwei Belegexemplare. Vgl. IISG, KKP, Inv.nr. H_1_193–194. Er wurde auch verzeichnet bei Werner Blumenberg: Karl Kautskys literarisches Werk. Eine bibliographische Übersicht, 'S-Gravenhage 1960, S. 94.

2 Die Kriegserklärung Österreich-Ungarns an Serbien erfolgte am 28. Juli, dem Tag der Veröffentlichung dieses Beitrags. Nachdem am 25. Juli Wien die diplomatischen Beziehungen mit Belgrad abgebrochen und die Teilmobilisierung verkündet hatte, schien der Krieg zwischen beiden Staaten als gegeben, zumal in der Presse schon von ersten Scharmützeln die Rede war.

3 Österreich beschuldigte Serbien, für das tödliche Attentat in Sarajevo am 28. Juni 1914 auf den Thronfolger Franz Ferdinand verantwortlich zu sein. – Der Historiker und Publizist Heinrich Friedjung war 1909 angeklagt worden, aufgrund nicht stichhaltiger Dokumente einen Einmarsch Österreich-Ungarns in Serbien zu rechtfertigen. – Während des Ersten Balkankrieges besetzen serbische Truppen Ende 1912 Prizren. Es entstand das von den Wiener Behörden länger geduldete Gerücht, der dort residierenden österreichisch-ungarischen Konsul Oskar Prochaska sei von den Serben entführt und entmannt worden.

Wie hat sich das deutsche Proletariat gegenüber einem so sinnlosen Paroxysmus zu verhalten? Es ist sicher nicht im Mindesten an dem Fortbestand des österreichischen Völkerchaos interessiert, aber ebenso wenig an dem Fortbestand des jetzigen serbischen Staates, der vom serbischen Standpunkt selbst nur ein Provisorium darstellt. Man mag angesichts der österreichischen Brutalität für das serbische Volk noch so warme Sympathien empfinden, deshalb müssen wir doch wünschen, dass der Krieg lokalisiert bleibt. Das Ganze ist wichtiger als der Teil, und um Serbiens Willen darf nicht ganz Europa verwüstet werden. Und überdies ist durch einen Sieg der Österreicher, wie gesagt, nur der serbische Staat bedroht. Die serbische Nation wird weiterleben und weiterhin den österreichischen Machthabern schwere Sorgen bereiten, wieweit immer die schwarzgelben Grenzpfähle vorgerückt werden mögen.

Was aber, wenn die Lokalisierung nicht gelingt, wenn Russland auf den Plan tritt? Welche Haltung sollen wir dem Zarismus gegenüber einnehmen? In dieser Frage liegt die große Schwierigkeit der Situation. Sie ist viel wichtiger als die Frage, welche Mittel wir anwenden, um den Frieden zu sichern. Die Mittel hängen ab von unserer Macht, von der Stimmung der Massen, der Haltung der Gegner. Sie müssen sich der Situation anpassen. Aber ehe wir wissen, welche Mittel wir zur Erreichung unserer Ziele anwenden, heißt es, klar zu werden über diese selbst.

Ist jetzt nicht der Moment gekommen, dem Zarismus den Todesstoß zu versetzen, wird nicht die Revolution in Russland zum Siege gebracht, wenn deutsche Armeen die russische Grenze überschreiten? Haben nicht Marx und Engels stets den Krieg gegen Russland gefordert,[4] hat nicht Bebel erklärt,[5] wenn es gegen Russland ginge, würde er selbst die Flinte auf den Buckel nehmen?

4 Marx und Engels unterstützten seit 1848 den Kampf bürgerlich-demokratischer wie proletarischer Kräfte gegen den Zarismus als den Hort der Reaktion. Noch 1890 schrieb Engels, dass die westeuropäische Arbeiterbewegung »genötigt sei, mit dem russischen Zarentum einen Krieg auf Leben und Tod zu führen«. – Friedrich Engels: Die auswärtige Politik des russischen Zarentums, in: MEW, Bd. 22, S. 13.

5 So August Bebel 1904 im Reichstag und 1907 auf dem SPD-Parteitag.

Das ist richtig. Aber Bebel hatte die Abwehr eines russischen Angriffskrieges im Auge. Der ist jetzt nicht in Frage. Russland würde nur Österreich den Krieg erklären.

Marx und Engels wieder dachten stets bei einem Krieg gegen Russland an einen Krieg der vereinigten Westmächte. Ein solcher wäre jetzt ausgeschlossen. Mehr noch, und das ist das Entscheidende: Der Krieg Deutschlands gegen Russland würde gleichzeitig auch ein Krieg gegen Frankreich, und ein solcher wäre das größte Unglück für die beiden Nationen, für die gesamte Menschheit. Ihm entgegenzuwirken ist unsere ganze Kraft aufzubieten.

Endlich: Ist es sicher, dass die russische Revolution zum Siege geführt wird, wenn deutsche Armeen die Grenze zu Russland überschreiten? Dieser Akt kann wohl den Zusammenbruch des Zarismus herbeiführen, aber werden die deutschen Armeen ein revolutionäres Russland nicht noch mit größerer Energie bekämpfen und niederzuwerfen suchen als das absolutistische? Die Revolution in Russland ist auf dem Marsch, auch ohne den Krieg mit Deutschland, und dieser wäre ein zu teurer Preis für ihre Beschleunigung, und obendrein ware der schließliche Erfolg ein zu unsicherer.

Wenn aber Deutschland Österreich im Stiche ließe, hieße das nicht, dem Zarismus zu einem großen Erfolge zu verhelfen, ihn neu zu befestigen? Muss nicht die Zurückhaltung Deutschlands Russland geradezu ermuntern, Österreich den Krieg zu erklären? Und würde ein zu gewaltiger Sieg Russlands Deutschland nicht schließlich zwingen, einzugreifen? Würde also seine anfängliche Zurückhaltung nicht den Weltkrieg schließlich erst recht unvermeidlich machen? Bietet nicht Deutschlands entschlossener Wille, keine russische Intervention zu dulden, die einzige Möglichkeit, den Konflikt zu lokalisieren?

Es scheint unmöglich, für diesen Zwiespalt der Argumente eine befriedigende Lösung zu finden. Sie wird auch kaum gefunden werden, wenn man die Dinge ausschließlich vom deutschen Standpunkt aus betrachtet. Die Dinge gewinnen aber ein anderes Gesicht, wenn wir an sie vom internationalen Standpunkt herangehen.

Dieselbe Verlegenheit, in der wir in Deutschland sind, ersteht für unsere Genossen in Frankreich. *Sie ist zu beseitigen, wenn Deutschland und Frankreich einig vorgehen.* Darin liegt die einzige Möglichkeit, den Frieden zu erhalten.

Weder Deutschland noch Frankreich haben bei dem jetzigen Konflikt das Geringste zu gewinnen. Auch vom Standpunkt der herrschenden Klassen aus wäre es ein Wahnsinn, wollten sie sich zerfleischen. Warum? Aus Bündnistreue? Aber wie ist das Bündnis aufzufassen? Gibt es für Russland und Österreich nur Rechte, Frankreich und Deutschland nur Pflichten?

Wenn Frankreich und Deutschland sich verständigen, wenn das Erstere auf Russland und das Letztere auf Österreich eine Pression im Interesse des Friedens übt, wenn die beiden Mächte des Westens, am besten noch durch England verstärkt, den beiden Großmächten des Ostens den Frieden diktieren, dann ist er zu erhalten.

Diese Politik müsste sich den beteiligten Regierungen von selbst aufdrängen, wenn sie einigermaßen klug und weitsichtig sind. Indes gibt es in jeder regierenden Schicht, die sich auf ein großes stehendes Heer und ein starkes Offizierskorps stützt, stets eine Partei, die gewillt ist, jeden Konflikt zu einem kriegerischen Austrag zu treiben. Und der Weg, der zur Erhaltung des Friedens zu gehen wäre, ist neu.

Wir dürfen uns auf die Weisheit der Regierungen nicht verlassen. Das Proletariat Deutschlands und Frankreichs hat vielmehr alle Kraft aufzubieten, die Regierungen der beiden Staaten dahin zu drängen, dass sie ihren Bundesgenossen gerade wegen des Bündnisvertrages Mäßigung aufzwingen.

Noch besteht nicht die Diktatur des Proletariats, noch können wir nicht die äußere Politik ganz nach unserem Willen lenken, aber bereits bildet es eine Macht, die ausschlaggebend werden kann in Fällen, in denen die Waage schwankt, in denen die herrschenden Klassen noch nicht geschlossen auf eine bestimmte Politik eingeschworen sind, und in denen sie der moralischen Unterstützung der Massen bedürfen. Diese, unsere Macht zu entfalten und zu benutzen, im Interesse des Friedens, im Interesse des Vaterlandes, das vor den Schrecken des Krieges zu schützen ist, im Interesse der Menschheit, unsere ganze Kraft bis zum letzten Nerv anzuspannen, ist unsere heilige Pflicht geworden.

Auszüge aus: Vorwärts, 28.7.1914.

8 Das Weitertreiben der Revolution[1]

Nach der Auffassung der Spartakusleute unterscheiden sie sich von den anderen sozialistischen Richtungen dadurch, dass sie die Revolution weitertreiben wollen, während die Mehrheitssozialisten der Gegenrevolution huldigten und die Unabhängigen durch ihre Teilnahme an der Regierung aus Schwäche oder aus Unwissenheit wider ihren Willen die Gegenrevolution unterstützten. Danach besäße die Revolution außerhalb des Spartakusbundes keine sichere Basis mehr.

Doch so klein diese Basis augenblicklich sein mag, die Spartakusleute sind überzeugt, sie werde und müsse rasch wachsen. Noch jede Revolution habe mit der Herrschaft der gemäßigtsten unter den Revolutionären begonnen, an deren Stelle immer radikalere Elemente traten, bis die Radikalsten schließlich die Oberhand gewannen. So werde es auch diesmal gehen. Auf die erste gemäßigte Phase der Revolution müsse naturnotwendig die zweite, die radikale folgen.

Ehe wir uns daran machen, diese Behauptung zu prüfen, müssen wir uns darüber klar werden, was wir unter dem Weitertreiben der Revolution zu verstehen haben. Darüber kann kein Zweifel bestehen, dass sie noch nicht zum Abschluss gelangt ist, dass sie erst in ihren Anfängen steht, politisch wie sozial.

Die Militärautokratie ist niedergeworfen, die jedem Fortschritt bisher im Wege stand, jedoch der alte Verwaltungs- und Herrschaftsapparat im Staate und der Armee fungiert weiter. Man stand vor der Wahl, ihn mit einem Schlage zu zertrümmern, damit auch jeder Demobilisierung, jede Verwaltungstätigkeit im Staat, ja das ganze gesellschaftliche Leben unmöglich zu machen, oder ihn und damit die Grundlagen des alten

1 Der Artikel wurde als 15-seitige Broschüre 1919 zweimal separat ediert: hrsg. v. d. Arbeitsgemeinschaft für staatsbürgerliche und wirtschaftliche Bildung, Berlin o.J; blanko ohne Herausgeber, o.O., o.J.

Regimes, das uns in den Abgrund gestürzt hat, weiter fortbestehen zu lassen und auf diese Weise die Revolution auf einen vorübergehenden Rollenwechsel zu beschränken. Aus dieser verzweifelten Alternative halfen uns die Arbeiter- und Soldatenräte heraus, die durch ihre Kontrolle ermöglichten, dass der alte Staatsapparat weiter funktionieren konnte, ohne die Gegenrevolution herbeizuführen.

Doch dieser Zustand kann nur ein vorübergehender sein. Der bisherige Staatsmechanismus muss völlig umgestaltet, die Bürokratie ihrer Macht und vieler ihrer Funktionen entkleidet und unter die Kontrolle demokratisch erwählter Volksvertretungen in der Gemeinde, den Provinzen, den Bundesstaaten, dem Reiche gestellt werden. Gleichzeitig ist das Reich einheitlicher zu gestalten, das Übergewicht Preußens ist zu brechen durch seine Zerspaltung aus *einem* Bundesstaat in etwa *drei*, die Kleinstaaterei [ist] durch Zusammenschluss in größeren Gebilden zu beseitigen, die Reservatrechte Bayerns und Württembergs, die Souveränitätsrechte der Bundesstaaten [sind] aufzuheben. [...]

Das Deutsche Reich zum Mindesten zur Einheitlichkeit der Schweiz oder der Vereinigten Staaten zu erheben, wenn im Augenblick nicht mehr an Einheitlichkeit erreicht werden kann, ist eine ebenso dringende Aufgabe wie die weitestgehende Demokratisierung des Reichs in allen seinen Gliedern.

Das ist die eine Aufgabe der Weiterführung der Revolution. Die andere Aufgabe ist sozialer Natur. Durch weitgehende soziale Reformen, staatliches Eingreifen in die Produktion, in das Wohnungswesen, in den Verkehr ist die Lage der großen Volksmassen, des Produzenten wie des Konsumenten so weit zu heben, als es unter den gegebenen Produktionsverhältnissen möglich ist. Gleichzeitig aber muss alles aufgeboten werden, um die bestehende kapitalistische Produktionsweise so rasch als möglich in die sozialistische zu überführen und damit die letzte Form der Ausbeutung des Menschen durch den Menschen zu beseitigen.

Diese zweite, die soziale Aufgabe der Weiterführung der Revolution ist noch weit wichtiger als die erste, die demokratische, aber auch weit schwieriger. Kann man den Staat mit einem Mechanismus vergleichen, so ähnelt die Gesellschaft mehr einem Organismus. Dieser ist komplizierter, weniger leicht zu durchschauen und weniger rasch umzuwandeln. Das besagt jedoch nur, dass man die soziale Umwälzung sorgfältig vorbereiten muss, dass man sie nicht ins Blaue hinein vornehmen darf, es besagt nichts gegen die Notwendigkeit, alle Energie, über die man verfügt, an diese Umwandlung zu setzen.

In dieser Auffassung der Weiterführung der Revolution treffen wir uns mit den Mehrheitssozialisten.

Sicher gehen viele Mehrheitssozialisten behutsamer vor, als uns Unabhängigen lieb ist und als uns durch die Umstände geboten scheint. Aber es wäre lächerlich, den Unterschied im revolutionären Tempo als den Unterschied von Revolution und Gegenrevolution erscheinen lassen zu wollen.

Anders dagegen fasst der Spartakusbund die Weiterführung der Revolution auf. Er verlangt nicht nach der Konsolidierung der Demokratie, sondern nach dem gewaltsamen Sturz der jetzigen Regierung, sowie jeder weiteren Regierung, bis der Spartakusbund genügend Kraft erlangt, selbst die Staatsmacht zu ergreifen. Da aber die Demokratie hinter der bestehenden Regierung zu stehen scheint, verlangt er auch die Aufhebung der Demokratie.

Die soziale Weiterführung der Revolution stellt sich aber der Bund nicht in der Weise vor, dass nach sorgfältiger Vorbereitung ein Produktionszweig nach dem andern durch das Eingreifen der von den Arbeitern abhängigen Staatsgewalt planmäßig sozialisiert wird, sondern dass sofort und planlos die Arbeiter ununterbrochen durch stete Streiks und das Aufstellen unerfüllbarer Forderungen in allen Produktionszweigen gleichzeitig jegliche Produktion unmöglich machen. Die Steigerung des Notstands muss nach der Ansicht der Spartakusleute die revolutionäre Temperatur zur Siedehitze steigern. Wie aus diesem siedenden Hexenkessel die gesellschaftliche Ordnung der Produktion hervorgehen soll, ist bis zur Zeit Geheimnis des Spartakusbundes geblieben. Auf jeden Fall ist seinen Mitgliedern noch nicht die Erkenntnis aufgedämmert, dass *nach* der Revolution der Streik eine ganz andere Wirkung hat als *vor* der Revolution.

Bei alledem sind sie sich dessen wohl bewusst, dass ihre Methoden beständiger ökonomischer Unruhen es unmöglich machen, den Volksmassen Nahrung, Kleidung, Wohnung zu schaffen, indes gleichzeitig in den Staaten des Westens, in Frankreich, England, Amerika, die Produktion wieder in die alten Bahnen einlenkt. Damit entsteht die Gefahr, dass die Arbeiter im sozialistischen Deutschland schlechter ernährt, gekleidet, behaust sind als in kapitalistischen Staaten. Das ist eine schwere Gefahr für den internationalen Sozialismus, dessen Werbekraft nicht gewinnen würde, wenn das Regime des Sozialismus in Deutschland für den Arbeiter bloß Elend und Not bedeuten würde.

Dieser Gefahr versuchen sie vorzubeugen dadurch, dass sie die Weltrevolution verlangen. Sie erwarten nicht etwa, dass sie von selbst ausbrechen werde – nicht das Mindeste deutet darauf hin. In einem siegreichen Lande sind die Volksmassen anders gestimmt als in einem besiegten. Da die Weltrevolution von selbst nicht kommen will, verlangen sie nach ihrer gewaltsamen Herbeiführung. Wie das geschehen soll, ist ebenfalls wieder das Geheimnis des Spartakusbundes oder vielleicht gar noch ein Geheimnis für ihn selbst. Eines aber ist klar: Das Anstreben der Weltrevolution heißt das Streben, die auswärtigen, siegreichen Regierungen zu stürzen. Das Streben ist aussichtslos, aber leider nicht in gleichem Maße harmlos. Die siegreichen Regierungen sind ebenso Gewaltmenschen wie die Spartakusleute, und deren Sieg in Deutschland bedeutete erneuten Krieg mit der Entente. Lenin hat bereits drei Millionen Mann und reiche Lebensmittel zu diesem Zweck versprochen, doch hat er nicht gezeigt, wo in Russland diese Armeen und Vorräte verborgen sind.

Weiterführung der Revolution im Spartakussinne heißt also nicht Durchführung und Befestigung der Demokratie und planmäßige Sozialisierung der Produktion, sondern Aufhebung der Demokratie, stete Störung der Produktion und als Beigabe noch Erneuerung des Kriegs. Das alles aber soll notwendig sein für die Revolution, weil es ein Naturgesetz sei, dass in revolutionären Zeiten immer die weniger radikalen von den radikalen Parteien abgelöst werden und nur die radikalste Partei die Revolution zum völligen Siege bringen könne. Der Sieg des Spartakusbundes würde den Gipfel der Revolution bilden – ihm gegenüber sei jedes andere Streben gegenrevolutionär. [...]

Die Spartaziden sollten etwas vorsichtiger sein mit ihrer Methode, frühere und fremde Schablonen unbesehen auf die Jetztzeit und auf Deutschland anzuwenden. Eben haben sie mit dem blindlings von Russland übernommenen Rufe »Alle Macht den Arbeiter- und Soldatenräten« elend Schiffbruch gelitten. Die jetzige Revolution in Deutschland hat ihre eigenen Gesetze.

Von allen bisherigen Revolutionen unterscheidet sie sich dadurch, dass sie schon in ihrem Beginn eine proletarische und eine sozialistische ist. Hinter dem Proletariat steht jedoch keine weitere unterdrückte und ausgebeutete Klasse, die ihrerseits ein Interesse daran haben könnte, das neue Regime zu stürzen. Eine Klasse, die im Gegensatz zu der augenblicklich an der Staatsmacht befindlichen die Revolution weitertreiben wollte und müsste, fehlt diesmal vollständig. Im Gegensatz zu den früheren Revolutionen kann also dies Weitertreiben der jetzigen deutschen nicht durch einen Kampf zwischen Bourgeoisie und Proletariat erfolgen. Jeder Versuch des Weitertreibens der Revolution durch gewaltsamen Sturz der Revolutionsregierung der ersten Phase bedeutet vielmehr einen Kampf innerhalb der revolutionären Klasse selbst. [...]

Die Unterschiede zwischen den proletarischen Parteien können theoretische sein. So zerfielen z. B. die Mitglieder der Pariser Kommune von 1871 in nicht weniger als vier verschiedene Gruppen. [...]

Heute sind wir theoretisch weiter als damals. Wir stehen alle auf dem gleichen Boden des Marxismus; wir unterscheiden uns im Wesentlichen nur durch Verschiedenheiten der Auslegung und Anwendung der gleichen Grundsätze. Die Extreme dabei kann man in der Weise kennzeichnen, dass die einen sich noch nicht völlig von bürgerlichen Denkweisen losgelöste haben und der bürgerlichen Welt noch starkes Vertrauen entgegenbringen, deren innere Kraft sie auch überschätzen. Die anderen wieder stehen der bürgerlichen Welt völlig verständnislos gegenüber, betrachten sie als Gruppe von Schurken. Sie missachten ihre geistigen und ökonomischen Leistungen und glauben, die Proletarier vermöchten ohne jedes Fachwissen und ohne jegliche Vorbereitung sofort alle politischen und ökonomischen Funktionen zu übernehmen, die von den bürgerlichen Gewalten bisher ausgeübt wurden.

Zwischen diesen beiden Extremen finden wir diejenigen, die die bürgerliche Welt studiert und begriffen haben, die ihr selbstständig und kritisch gegenüberstehen, aber auch ihre Leistungen zu würdigen wissen und die Schwierigkeiten der Aufgabe, sie durch eine höhere Ordnung zu ersetzen erkannt haben. Dieses marxistische Zentrum muss ebenso auf der einen Seite die Zaghaften anspornen, die Vertrauensseligen zur Kritik aufrufen, wie es auf der anderen Seite das blinde Drauflosstürmen der Unwissenden und Gedankenlosen zu zügeln hat. Es fällt ihm die widerspruchsvolle Aufgabe zu, gleichzeitig vorwärtszutreiben und zu bremsen.

Diese drei Tendenzen sind es, die innerhalb des Proletariats miteinander ringen. Mit Klassenunterschieden und Klassengegensätzen haben sie gar nichts zu tun, und es liegt nicht die geringste innere Notwendigkeit vor, dass gerade die am entschiedensten vorwärtstreibende siegen muss, und schon gar nicht die Notwendigkeit, dass sie die höchste Form der Bewegung darstellt.

Im Gegenteil. Das Zentrum wird am ehesten intellektuell am höchsten stehen. Freilich ist damit nicht gesagt, dass es sich in der Revolution siegreich behaupten muss. In revolutionären Zeiten kommen die großen ungeschulten Massen in Bewegung, die nicht fein unterscheiden. Die werden am ehesten von den Extremen angezogen. Marx und Engels fanden sich 1849 in der Emigration völlig isoliert, abgestoßen sowohl von den bürgerlichen Radikalen wie von den sozialistischen Revolutionären. Ebenso wendeten sich nach dem Fall der Pariser

Kommune von 1871 die radikalen Blanquisten und Bakunisten wie die zahmen Sozialliberalen gegen Marx und Engels und isolierten sie in der Internationale. So haben auch jüngst die zurzeit starken Köpfe des russischen Marxismus, die Axelrod und Martoff, ihren Einfluss auf die Massen in hohem Grade verloren. [...]

In den bürgerlichen Revolutionen war es unvermeidlich, dass die bürgerlichen Elemente früher oder später durch ganz- oder halbproletarische Elemente in der Macht abgelöst wurden, aber ebenso unvermeidlich, dass diese Unmögliches versuchten, weil ökonomisch nur die bürgerliche Gesellschaft möglich war. Ebenso notwendig wie die zweite Phase der Revolution musste daher auch ihre dritte eintreten, der Zusammenbruch des proletarischen Regimes, die Gegenrevolution.

Diese Notwendigkeit liegt heute nicht vor. Ökonomie und Proletariat sind heute in Deutschland reif zur Sozialisierung. Aber auch die Wissenschaft ist seit der bürgerlichen Revolution vorgeschritten. In der Großen Französischen Revolution und auch noch 1871 ahnten die Massen noch nichts davon, dass ihre Befreiung an bestimmte ökonomische Bedingungen geknüpft, dass die Gesellschaft in steter Entwicklung begriffen sei und bestimmte Entwicklungsphasen sich nicht beliebig überspringen lassen. Sie glaubte noch, mit Gewalt ließe sich alles erreichen, nur auf die Gewinnung der Gewalt käme es an.

Seitdem haben wir die große Lehre unserer großen Meister Marx und Engels kennengelernt. Wohl ist sie, wie gerade die letzten Jahre zeigen, vielfach unverstanden geblieben und nur in Äußerlichkeiten aufgenommen worden, aber sie hat doch die Notwendigkeit der Erkenntnis des ökonomischen Unterbaues der Gesellschaft weiten Kreisen nahegelegt und diese Erkenntnis gefördert.

Wie weit sie gediehen ist, das wird sich jetzt zu bewähren haben. Je tiefer sie gedrungen ist, desto eher wird das Proletariat in der Lage sein, sich stets nur Aufgaben zu setzen, die unter den gegebenen Bedingungen gelöst werden können. Es wird alle Kraftverschwendungen und Rückschläge vermeiden, die mit dem Anstreben von Unmöglichem verbunden sind, es wird aber gerade dadurch das jeweilig Erreichbare mit umso größerer Konzentration von Kraft anstreben, es umso rascher und zweckmäßiger durchsetzen und wird es dauern behaupten können.

Mit Versuchen einer Gegenrevolution müssen wir natürlich stets rechnen. Wir müssen ihnen gegenüber wachsam und gewappnet sein. Aber so steht es diesmal nicht, dass die Gegen[revolution, wie bisher stets, das notwendige Ende der Revolution][2] sein muss, dass das proletarische Regime von vornherein dazu verurteilt ist, eine vorübergehende Erscheinung zu bilden.

Behauptet sich aber das proletarische Regime in Deutschland, dann wird und muss es von selbst die Revolution weiter treiben durch die unwiderstehlichste aller Kräfte, die Logik der Tatsachen. Dann muss nicht nur die Sozialisierung der Betriebe, sobald die ersten Schwierigkeiten überwunden und Erfahrungen gesammelt sind, ein rascheres Tempo annehmen. Dann kann auch die Rückwirkung auf die übrige zivilisierte Welt nicht ausbleiben. Dann wird die Bewegung des Proletariats überall unwiderstehlich werden, seine politische Macht überall wachsen, die Sozialisierung überall in Angriff genommen werden müssen. Die sozialistische Weltrevolution wird dann zur Tatsache werden, ohne Emissäre, ohne Verschwörungen, ohne Kriegszustand mit den Mächten des Auslandes.

Vorbedingung ist allerdings, dass das Proletariat in Deutschland am Ruder bleibt, was nur möglich ist, wenn es geschlossen der bürgerlichen Welt gegenübersteht. Versuche, die Revolution weiterzutreiben durch Methoden, die seine Geschlossenheit zerreißen, treiben die Revolution nicht vorwärts, sondern abwärts, moralischem und ökonomischem Verfall und schließlichem Untergang entgegen.

Auszüge aus: Die Freiheit. Berliner Organ der Unabhängigen Sozialdemokratischen Partei Deutschlands, 29.12.1918.

2 Diese Zeile fehlt in der *Freiheit*, übernommen aus dem Separatdruck.

9 Die materialistische Geschichtsauffassung

Also das Kommen einer neuen Produktionsweise ist stets abhängig von dem Bestehen bestimmter Bedingungen, ökonomischer und anderer. Zu diesen gehört jedoch nicht unter allen Umständen der Niedergang der bestehenden Produktionsweise. Wohl aber unter allen Umständen eine gewisse Überlegenheit, sei es an kriegerischer Kraft, an gesellschaftlicher Erkenntnis oder mindestens an Zahl derjenigen in der Gesellschaft, die ein Interesse an dieser neuen Produktionsweise haben.

Jede dieser Arten von Überlegenheit ist ökonomisch bedingt, nicht aber selbst eine ökonomische Bedingung.

Nicht von der Möglichkeit oder Notwendigkeit eines kommenden Zusammenbruchs oder Niedergangs des Kapitalismus hängen die Aussichten des Sozialismus ab, sondern von den Erwartungen, die wir hegen dürfen, dass das Proletariat genügend erstarkt, dass die Produktivkräfte ausreichend anwachsen, um reiche Mittel zur Versorgung der Volksmassen zu liefern, und dass die Produktivkräfte dabei Formen annehmen, die die gesellschaftliche Organisation ihrer Anwendung erleichtern; endlich, dass das nötige ökonomische Wissen und Gewissen in den arbeitenden Klassen erwächst, das eine fruchtbringende Anwendung dieser Produktivkräfte durch sie gewährleistet: Das sind die Vorbedingungen sozialistischer Produktion.

Von diesen Faktoren ist in der sozialistischen Literatur seit dem »Kommunistischen Manifest« viel gehandelt worden, einiges darüber wurde auch bereits in den vorstehenden Seiten gesagt.

Nur eine Frage müssen wir in diesem Zusammenhang noch berühren.

Von den Gegnern des Sozialismus wird öfter gesagt: Die Anschauungen des »Kommunistischen Manifests«, die die Proletarier zu den Totengräbern des Kapitalismus stempelten, seien zur Zeit seiner Abfassung begreiflich gewesen, wo das Proletariat immer tiefer in Not und Elend versank, immer mehr im Kapital seinen schlimmsten Feind sah. Aber das Manifest selbst habe mit Recht bereits einige der Faktoren erkannt, die zum Erstarken und Aufsteigen des Proletariats führen mussten. Zu diesem Prozess ist es seitdem bereits in hohem Maße gekommen, und er schreitet weiter voran. Je weiter er gedeihe, desto wahrscheinlicher mache er wohl den Sieg des Proletariats im Staate, desto überflüssiger aber mache er den Sozialismus. Je mehr der Wohlstand der Arbeiter schon unter dem Kapitalismus wachse, desto mehr würden sie sich mit ihm abfinden und versöhnen und auf unsichere Experimente verzichten. Die zunehmende Milderung der Klassengegensätze rücke den Sozialismus gerade in dem Maße immer weiter in die Ferne, je mehr das Proletariat erstarke.

Hier und nicht in der Akkumulation des Kapitals oder dem Wachsen der Krisen ist in der Tat die Schicksalsfrage des Sozialismus gegeben.

Das ist nicht in dem Sinne aufzufassen, als hätten wir Sozialisten uns jeder Sozialreform zu widersetzen, weil sie die Klassengegensätze mildern könne. Diese Auffassung, wie sie so viele Anarchisten à la Hans Most predigten, konnte nur im Hirne eines Berufsrevolutionärs oder eines Fanatikers entspringen, dem nicht die Hebung der Arbeiterklasse, sondern nur die rascheste Herbeiführung des Bürgerkrieges am Herzen lag. Wollte ein Sozialist wirklich soziale Reformen verhindern, die zugunsten der Arbeiterklasse wirken könnten, so würde er damit nichts erreichen als eine völlige Diskreditierung bei den arbeitenden Massen.

Wenn soziale Reformen oder, wie manche meinen, demokratische Rechte, also die unerlässlichen Bedingungen des Aufstiegs der Arbeiterklasse, wirklich die Klassengegensätze milderten, dann wäre die Sache des Sozialismus eine verlorene.

Ich für meinen Teil muss sagen: Wenn ich die Überzeugung gewänne, dass die Besserung der proletarischen Lebensbedingungen die Klassengegensätze fortschreitend milderte, dann würde ich mich verpflichtet fühlen, die Sache des Sozialismus aufzugeben. Ich würde es mit Schmerz tun, weil ich anerkennen müsste, dass die Arbeit meines Lebens in falscher Richtung gegangen wäre. Und doch mit einer gewissen Erleichterung. Denn der Sozialismus ist uns nur Mittel zum Zweck, zum Endziel der völligen Befreiung des Proletariats. Wir sehen heute nur eine Möglichkeit, dies Ziel zu erreichen, das ist die Herbeiführung des Sozialismus. Gelänge dagegen dasselbe schon im Rahmen der heutigen Produktionsweise, so würde dies bedeuten, dass unser Ziel leichter, einfacher, mit geringeren Opfern zu erreichen wäre, als wir Sozialisten bisher gedacht hatten.

Wir dürfen also die Frage der Milderung der Klassengegensätze ohne Voreingenommenheit prüfen. Sollte es sich herausstellen, dass der Fortschritt des Kapitalismus aus sich selbst heraus mit Notwendigkeit eine solche Milderung erzeugt, sodass die Arbeiter sich unter kapitalistischer Leitung immer wohler fühlen, so müssten wir das offen bekennen und auf unsere sozialistischen Ziele verzichten, ohne dass darin ein Verrat an der Sache der Befreiung der Arbeit zu finden wäre. [...]

Das Proletariat wird in den kapitalistischen Staaten immer mehr die Masse der Nation. Und seine Interessen werden immer mehr identisch mit den Interessen aller arbeitenden Klassen.

Der wachsenden Masse auf der einen Seite steht eine kaum zunehmende Anzahl von Kapitalisten gegenüber. Und in dieser Zahl ist ein immer kleiner werdender Kreis von Kapitalmagnaten, denen immer mehr die Leitung und Ausnutzung der anwachsenden Kapitalmassen zufällt. Nicht nur durch den Vorgang der Akkumulation vermehren sich die großen Vermögen immer rascher. Das Übergewicht dieser Vermögen und des Großbetriebs ruiniert die kleinen Kapitalisten und fördert die Zentralisation der Kapitalien. Das Aktien- und Bankwesen und die Kartellbildungen bewirken es endlich, dass immer mehr fremde Kapitalien der Oberhoheit der Kapitalmagnaten anheimfallen.

Das Aktienwesen soll den Kapitalismus »demokratisieren«. Tatsächlich bewirkt es ganz anderes. Zahlreiche Mittelschichten zwischen Kapital und Proletariat und bis zu einem gewissen Grade selbst einzelne besser bezahlte Schichten von Lohnarbeitern können Geldmittel ersparen, die zu klein sind, um damit einen kapitalistischen Betrieb zu eröffnen. Inder Form von Aktien und Depositen bei Banken werden diese Mittel von den kleinen Leuten den großen Kapitalisten zur Verfügung gestellt und vermehren deren ökonomische Macht.

Die Kapitalmagnaten vereinigen immer mehr das Kapital der Industrie und der Banken in ihrer Hand. Sie bilden so das Finanzkapital, wie Hilferding es nennt, der diesen Prozess mustergültig erforscht hat.[1] Durch diese Vereinigung werden sie in wachsendem Maße zu Herren der ganzen Gesellschaft, über deren Schicksale sie immer mehr unumschränkt verfügen.

Nicht nur die besitzlosen, auch zahlreiche besitzende Arbeiter, wie Bauern und Handwerker, selbst zahlreiche Besitzer von Kapitalien werden durch diese Magnaten immer mehr bedrängt und bedroht. Deren Herrschaft wird umso drückender, als die neuen Monopolisten, wie alle Monopolisten, immer mehr trachten, durch brutale Gewalt in der inneren und äußeren Politik, ihre Interessen zu wahren, in fundamentalem Gegensatz zu den ersten industriellen Kapitalisten und noch mehr zu den weiterblickenden ihrer früheren theoretischen Vorkämpfer, die in der freien Konkurrenz, dem freien Handel, der Demokratie, dem Völkerfrieden ihre Ideale sahen. Dies Ideal wurde von Anfang an durch störende Gegentendenzen getrübt, aber es bildete doch einen Gegensatz zu den Tendenzen der Geldkapitalisten, die stets mit dem großen Grundbesitz und dem Absolutismus Hand in Hand gingen und zur Gewaltpolitik neigten.

In den letzten Jahrzehnten wird diese Gewaltpolitik immer mehr die Politik aller, die über die Machtmittel des Kapitals verfügen.

Immer mehr ist es die gesamte Gesellschaft, die darunter seufzt. Aber nur das Proletariat vermag es, einen systematischen und energischen Kampf gegen das Joch des Großkapitals zu führen, weil es dem Kapital von vornherein wider-

1 Vgl. Rudolf Hilferding: Das Finanzkapital. Eine Studie zur jüngsten Entwicklung des Kapitalismus, Wien 1910.

strebt, während die anderen von diesen beherrschten Schichten durch mancherlei Eigentums- und selbst Kapitalinteressen dabei gehindert werden.

Immerhin wird die Tatsache von größter Bedeutung, dass das Proletariat mit seinen besonderen Klasseninteressen auch immer mehr die Interessen der großen Masse der Gesellschaft vertritt, in der es immer mehr selbst die Majorität ausmacht. Das Proletariat wird damit zum Vorkämpfer des gesamten gesellschaftlichen Interesses, und es schart um sich immer mehr jener zahlreichen Zwischenschichten, die sich zwischen ihm und der Kapitalistenklasse bilden.

In dem Maße aber mildern sich nicht, sondern mehren sich die Gegensätze zwischen den Proletariern und dem Kapital, das sich von jenen immer mehr auf den verschiedensten Gebieten, nicht bloß auf denen des Arbeitslohnes und der Arbeitszeit, bedroht fühlt. Das Wachstum der Demokratie und die Verbesserung der Lebenshaltung der Arbeiter vermindert nicht, sondern vermehrt die Angriffsflächen und die Konfliktstoffe zwischen den kämpfenden Klassen. So vertiefen sich die Gegensätze zwischen ihnen immer mehr.

Im vorigen Jahrhundert boten in den siebziger und achtziger Jahren die Gewerkschaften der englischen Arbeiter, später, in den neunziger Jahren, die der deutschen einige Erscheinungen, die die Ökonomen und Publizisten der bürgerlichen Gesellschaft hoffen ließen, dass nun eine Milderung der Klassengegensätze eintrete.

Heute zeigen sich diese Gegensätze nirgends schroffer als in England. [...] Das sieht nicht nach Milderung der Klassengegensätze aus.

Und in Deutschland haben sich nicht nur die freien Gewerkschaften immun gegen die Illusion von der Harmonie zwischen Kapital und Arbeit erwiesen, sondern in den katholischen Gewerkschaften selbst fasst der Gedanke des Klassenkampfes immer mehr Wurzel.

Auszüge aus: Karl Kautsky: Die materialistische Geschichtsauffassung, Bd. 2, Berlin 1927, S. 562–564, 576–578.

Karl Kautsky, 1926.

Anhang

Biografische Daten (Auswahl)

1854
16. Oktober: Karl Kautsky wird in Prag geboren; Vater (Tscheche) Johann ist Maler und Theaterdekorateur, Mutter Minna, geb. Jaich, ist Schauspielerin, später Schriftstellerin.

1863
März: Umzug der Familie nach Wien.

1874
Juni: Abitur, ab Herbst Studium an der Wiener Universität: Geschichte, Geografie, Rechtswissenschaft.

1875
10. Januar: Eintritt in die Sozialdemokratische Arbeiterpartei Österreichs, erste sozialistische Artikel.

1880
23. Januar: Arbeitsvertrag als wissenschaftlicher Mitarbeiter bei Karl Höchberg, Übersiedelung nach Zürich, Beginn der Freundschaft mit Eduard Bernstein.

November: Eintritt in die Sozialistische Arbeiterpartei Deutschlands.

1881
März–Juni: Studienreise nach London, Bekanntschaft mit Friedrich Engels und Karl Marx.

1882
ab Mai: Aufenthalt in Wien, Verlobung mit Louise Strasser (1860–1950).

1883
Januar: *Die Neue Zeit. Revue des geistigen und öffentlichen Lebens* beginnt als Monatsschrift in Stuttgart, bis 1917 redigiert und weitgehend bestimmt von Karl Kautsky, zunehmend marxistisch geprägt.

6. März: Heirat mit Louise Strasser (1860–1950), fortan wohnhaft in Stuttgart bzw. ab November wieder in Zürich.

1885
Januar: Umzug nach London, Kautsky schreibt jährlich wenigstens ein Buch und mehr als 20 Artikel für Zeitschriften und Zeitungen.

1887
Frühjahr: »Karl Marx' ökonomische Lehren. Gemeinverständlich dargestellt und erläutert von Karl Kautsky« kommt heraus.

1888
ab Juni: Aufenthalt in Wien, Scheidung von Louise (24.10.1889.)

1890
23. April: Hochzeit mit Luise Ronsperger (1864–1944), Jüdin, Sozialistin; sie ziehen nach Stuttgart, drei Söhne: Felix (1891–1953), Karl (1892–1978), Benedikt (1894–1960).

1892
Sommer: »Das Erfurter Programm. In seinem grundsätzlichen Teil erläutert« erscheint.

1895
10. August: Teilnahme Kautskys an der Trauerfeier in London für den am 5.8. verstorbenen Friedrich Engels.

1897
13. Juli: Kautskys melden sich polizeilich in Berlin an, für 27 Jahre ihr Hauptwohnsitz.

1900
23.–27. September: Kongress der II. Internationale in Paris; die von Kautsky eingebrachte »Kautschukresolution« wird angenommen.

1902
2. Juni: Kautsky beendet das Vorwort zu seinem Buch »Die Soziale Revolution«, das bald international als der Reiseführer in den sozialistischen Zukunftsstaat gilt.

1904
Oktober: Der erste Band von »Karl Marx: Theorien über den Mehrwert. Aus dem nachgelassenen Manuskript«, hrsg. v. Karl Kautsky, erscheint, der zweite folgt 1905, der dritte 1910.

1906
Januar: Kautsky unternimmt mit »Ethik und materialistische Geschichtsauffassung« einen philosophischen Versuch.

1908
Herbst: »Der Ursprung des Christentums. Eine historische Untersuchung« kommt heraus.

1910
vor dem 31. August: Karl Kautsky erleidet zu Beginn des Kopenhagener Kongresses der II. Internationale einen Nervenzusammenbruch.

1914
März: Kautsky beendet sein Vorwort zu der von ihm im Auftrag des Parteivorstandes erstellten Volksausgabe des marxschen »Kapitals.

1917
6.–8. April: Gründungsparteitag der USPD in Gotha, Kautsky schließt sich ihr an, erlangt aber kaum Einfluss.

29. September: Kautsky erhält das Schreiben seiner sofortigen Entlassung als Redakteur der *Neuen Zeit*.

1918
Herbst: Die Schrift »Die Diktatur des Proletariats« wird in Wien aufgelegt.

9. November: Sieg der Novemberrevolution in Berlin, der Rat der Volksbeauftragten ergreift die Regierung, die Kautsky am 14.11. als Beigeordneten Staatssekretär der USPD ins Auswärtige Amt beruft; am 29.12. treten die Unabhängigen aus der Regierung wieder aus.

24. November: Einsetzung der (ersten) Sozialisierungskommission, den Vorsitz übernimmt Kautsky.

1919
10. Dezember: Von Kautsky zusammengestellt, erscheinen »Die deutschen Dokumente zum Kriegsausbruch« und unmittelbar danach sein Buch »Wie der Weltkrieg entstand«.

1920/21
August–Januar: Studienreise nach Georgien.

1924
Sommer: Übersiedlung nach Wien.

1925
Herbst: In »Das Heidelberger Programm. Grundsätze und Forderungen der Sozialdemokratie« erläutert Kautsky den theoretischen Teil.

1927
Herbst: »Die materialistische Geschichtsauffassung«, von Kautsky als sein großes wissenschaftliches Werk verstanden, kommt auf den Markt.

1930
Sommer: Kautsky polemisiert mit »Der Bolschewismus in der Sackgasse« gegen die Sozialistische Arbeiter-Internationale.

1932
Spätherbst: Band 1 von »Krieg und Demokratie« erscheint.

1935
13. Juli: Erhalt der tschechoslowakischen Staatsbürgerschaft.

1938
März: Flucht vor dem »Anschluss Österreichs« über Prag nach Amsterdam.

17. Oktober: Karl Kautsky stirbt in Amsterdam.

Personenregister (Auswahl)

Adler, Friedrich (1879–1960), Naturwissenschaftler, Dr. phil., österreichischer Sozialdemokrat, erschießt 1916 aus Protest gegen den Weltkrieg den österreichischen Ministerpräsidenten Graf Stürgkh, engen Kontakt mit Kautsky, 1923–1940 Sekretär der Sozialistischen Arbeiter-Internationale, Sohn von Victor Adler.

Adler, Victor (1852–1918), Arzt, Journalist, Dr. med., (Mit-)Begründer und langjähriger Vorsitzender der österreichischen Sozialdemokratie, wirkt ausgleichend zwischen deren Flügeln, bis 1916 Burgfriedenspolitiker, 1918 erster Außenminister der neuen österreichischen Regierung, langjährige enge Verbindung zu Karl Kautsky, einer seiner Ratgeber, Vater von Friedrich Adler.

Axelrod, Pawel Borissowitsch (1850–1928), Journalist, russischer Sozialist, Anhänger der Narodniki, dann Marxist, Mitbegründer der Gruppe Befreiung der Arbeit, später Menschewik, 1874–1917 und ab 1918 im Exil, ab 1886 Inhaber der Schweizerischen Kephiranstalt, steht seit 1880 in enger Verbindung mit Karl Kautsky.

Balabanoff, Angelica (1878–1965), ukrainischer Herkunft, 1912 Führerin der Partito Socialista Italiano, Verbündete von Clara Zetkin, Leo Jogiches und Rosa Luxemburg, koordinierte während des Ersten Weltkrieges zusammen mit Robert Grimm die Zimmerwalder Bewegung, 1919 als »Sekretär« Aushängeschild der Kommunistischen Internationale, 1921 Bruch mit den Bolschewiki und Emigration.

Bauer, Otto (1881–1938), Jurist, Dr. jur., österreichischer Sozialdemokrat, Austromarxist, 1918/19 Außenminister der Republik Österreich, 1918–1934 stellvertretender Parteivorsitzender, unterstützt Karl Kautsky, auch wenn zwischen ihnen Differenzen in der nationalen Frage und Gegensätze in der Haltung zu Sowjetrussland bestehen.

Bebel, August (1840–1913), Drechsler, (Mit-)Begründer der deutschen Sozialdemokratie, langjähriger Parteivorsitzender, anerkannter Parlamentarier und Internationalist, Verfasser von »Die Frau und der Sozialismus«, fördert Karl Kautsky als Theoretiker, der seinerseits Bebel als Ratgeber für Fragen des praktischen Kampfes vertraut, enge Zusammenarbeit beider gegen Bernsteins Revisionismus, Differenzen in der Agrarfrage und der Vaterlandsverteidigung.

Bebel, Julie, geb. Otto (1843–1910), Putzmacherin, Sozialdemokratin, ab 1866 Ehefrau von August Bebel, befreundet mit den Kautskys.

Beer, Max (1864–1943), Publizist, österreichischer Sozialist, wirkt ab 1889 in der deutschen Sozialdemokratie, 1902–1912 Korrespondent des *Vorwärts* in London, veröffentlicht ab 1919 seine fünfbändige »Allgemeine Geschichte des Sozialismus und der sozialen Kämpfe«.

Bernstein, Eduard (Ede) (1850–1932), Bankkaufmann, Sozialdemokrat, 1880–1890 Redakteur des *Sozialdemokrat*, bis 1901 im englischen Exil, Publizist, Theoretiker und Historiker, 1902–1928 fast durchgängig Mitglied des Reichstags, zunächst Marxist, dann Begründer des Revisionismus, engste Freundschaft mit den Kautskys von 1880–1898, die ab 1914 wieder auflebt, 1915 schreiben beide mit Haase das »Gebot der Stunde«, 1917 USPD–Mitglied, tritt Ende 1918 wieder in die SPD ein.

Bock, Wilhelm (1846–1931), Schuhmacher, Sozialdemokrat und Gewerkschafter, Reichstags- und Landtagsabgeordneter, Mitbegründer der USPD, Mitglied der Kontrollkommission der USPD und dann der VSPD.

Braun, Adolf (1862–1929), Ökonom, Dr. phil., österreichischer Sozialdemokrat, wirkt seit 1890 in Deutschland, Redakteur, ab 1919 Parlamentsabgeordneter, 1920–1927 Mitglied des SPD-Vorstands, Bruder von Heinrich Braun und Schwager von Victor Adler.

Braun, Heinrich (1854–1927), Dr. phil., Schriftsteller, Herausgeber, Sponsor, österreichischer Sozialist, wirkt auf dem rechten Flügel der deutschen Sozialdemokratie, Bruder von Adolf Braun und Schwager von Victor Adler.

Breitscheid, Rudolf (1874–1944), Ökonom, Dr. phil., linksliberaler Demokrat, schließt sich 1912 der SPD und 1917 der USPD an, danach SPD, Redakteur, außenpolitischer Sprecher der SPD-Fraktion im Reichstag, 1933 Emigration, 1940 Verhaftung in Südfrankreich und Auslieferung, stirbt in einem Außenlager des KZ Buchenwald.

Däumig, Ernst (1866–1922), Journalist, Fremdenlegionär, seit 1898 Mitglied der SPD, führender Vertreter des linken Flügels der USPD, tritt 1921 aus der KPD aus, schließt sich 1922 mit der Kommunistischen Arbeitsgemeinschaft wieder der USPD an.

David, Eduard (1863–1930), Lehrer, Redakteur, Dr. phil., reformistischer Sozialdemokrat, Parlamentarier, heftige Kontroversen mit

Kautsky in der Agrarfrage und der Burgfriedenspolitik, 1918–1920 Beigeordneter Staatssekretär, Minister, dann Diplomat, ab 1923 Dozent an der TH Darmstadt.

Dietz, Johann Heinrich Wilhelm (1843–1922), Buchdrucker, Sozialdemokrat, gründet 1881 in Stuttgart den Verlag J. H. W. Dietz, den faktischen Parteiverlag der SPD, der 1906 in Parteieigentum übergeht, hier erscheint die von Kautsky redigierte *Neue Zeit*, 1881–1918 Reichstagsabgeordneter.

Dittmann, Wilhelm (1874–1954), Tischler, Redakteur, Parlamentarier, stimmt 1915 gegen die Kriegskredite, 1917 Mitbegründer und bis 1922 politischer Sekretär der USPD, danach bis 1933 Vorstandsmitglied der SPD.

Ebert, Friedrich (1871–1925), Sattler, reformistischer Sozialdemokrat und Gewerkschafter, 1913 als Nachfolger von Bebel einer der beiden SPD-Parteivorsitzenden, erster Präsident der Weimarer Republik.

Eckstein, Gustav (1875–1916), Jurist, Redakteur, Dr. jur., österreichischer Sozialdemokrat, arbeitet ab 1902 an der *Neuen Zeit* mit, tritt 1910 in deren Redaktion ein, von Kautsky als seine rechte Hand bezeichnet, enger Freund der Familie Kautsky.

Eisner, Kurt (1867–1919), Journalist, Redakteur, Gegner des Weltkrieges, 1917 USPD, während der Novemberrevolution Ministerpräsident des Freistaates Bayern, veröffentlicht erste Dokumente zur Kriegsschuld Deutschlands, wird am 21.2.1919 in München ermordet.

Fischer, Richard (1855–1926), Schriftsetzer, Sozialdemokrat, Mitglied des SPD-Vorstands, Reichstagsabgeordneter, 1902–1922 Leiter des *Vorwärts*-Parteiverlags.

Friedeberg, Raphael (1863–1940), Arzt, Dr. med., Sozialdemokrat, berät in Berlin die Ortskrankenkassen in sozialhygienischen Fragen, wird Anarchist und 1906 aus der SPD ausgeschlossen, wirkt ab 1911 in der Schweiz bzw. Niederschlesien, Hausarzt von Kautsky.

Geyer, Friedrich (1853–1937), Zigarrenarbeiter, Sozialdemokrat, Gewerkschafter, Parlamentarier, Gegner der Kriegskreditbewilligung, 1917 USPD, während der Novemberrevolution Finanzminister in Sachsen, 1920 KPD, 1922 SPD.

Haase, Hugo (1863–1919), Rechtsanwalt, führender Sozialdemokrat, 1911–1916 einer der beiden SPD-Vorsitzenden, ab 1917 einer der beiden USPD-Vorsitzenden, verfasst mit Bernstein und Kautsky 1915 »Das Gebot der Stunde«, für Kautsky ein Orientierungspunkt in Fragen praktischer Politik, verstirbt am 7.11.1919 an den Folgen eines Attentats, Kautsky verfasst den Nachruf und hält die Trauerrede.

Heine, Wolfgang (1861–1944), Jurist, Sozialdemokrat, steht auf dem rechten Flügel der Partei, langjähriger Reichstagsabgeordneter, März 1919–März 1920 Innenminister in Preußen.

Hilferding, Rudolf (1877–1941), sozialdemokratischer Theoretiker (»Das Finanzkapital«, 1910), 1917 USPD, ab 15. November 1918 Chefredakteur des USPD-Zentralorgans *Freiheit*, 1922 SPD, 1923 und 1928/29 Reichsfinanzminister, 1924 bis 1933 MdR, 1933 Emigration, zuletzt nach Frankreich, 1941 an die Gestapo ausgeliefert, starb unter ungeklärten Umständen.

Hoffmann, Adolph (1858–1930), Arbeiter, Verleger, Parlamentarier in Berlin und Preußen, Sozialdemokrat, Mitbegründer und führendes Mitglied der USPD, kurzzeitig KPD, 1922 wieder SPD.

Höchberg, Karl (1853–1885), Soziologe, ethischer Sozialist, Förderer der deutschen Sozialdemokratie, Herausgeber theoretischer Zeitschriften, stellt 1878 Bernstein als seinen Sekretär und 1880 Kautsky als wissenschaftlichen Mitarbeiter ein.

Jaurès, Jean (1859–1914), Lehrer, Historiker, Dr. phil., Parlamentarier, französischer Sozialist, Reformer, gründet 1904 und leitet von da an *L'Humanité*, leidenschaftlicher Antikriegskämpfer, bei Kriegsausbruch 1914 ermordet.

Kautsky, Benedikt (Bendel), (1894–1960), dritter Sohn von Karl und Luise Kautsky, Wirtschaftswissenschaftler, Dr. phil., österreichischer Sozialdemokrat, mehrere Publikationen gemeinsam mit seinem Vater, von diesem wiederholt als Nachfolger vorgesehen, 1938 von den Nazis verhaftet, 1945 aus dem KZ Buchenwald befreit.

Kautsky, Felix (1891–1953), erster Sohn von Karl und Luise Kautsky, Diplomingenieur in Berlin und Wien, emigriert 1938 über Großbritannien in die USA.

Kautsky, Fritz (1857–?), Bruder von Karl Kautsky, Theatertechniker, übernimmt mit seinem Bruder Hans die väterliche Firma für Theatermalerei.

Kautsky, Hans (1864–1937), Bruder von Karl Kautsky, Hoftheatermaler in Wien und ab 1903 auch in Berlin, Professor, mit Luise Kautsky und Rosa Luxemburg befreundet.

Kautsky, Isabella (Bella), geb. Kamberger (?), 1889 kurzzeitige Geliebte Karl Kautskys, wird von seinem Bruder Hans geheiratet, Trennung der beiden um 1898.

Kautsky, Johann Wenzel (1827–1896), Vater von Karl Kautsky, Theatermaler zunächst in Prag, ab 1863 in Wien.

Kautsky, Karl jr. (1892–1978), zweiter Sohn von Karl und Luise Kautsky, Frauenarzt, Dr. med., österreichischer Sozialdemokrat, praktiziert während des Weltkrieges in Frankfurt a. M., danach in Wien, emigriert 1938 über Großbritannien in die USA

Kautsky, Ludowika Josefa (Louise), geb. Strasser (1860–1950), Kindermädchen, österreichische Sozialistin, 1883–1889 erste Ehefrau von Karl Kautsky, ab 1890 Assistentin von Friedrich Engels, heiratet 1894 den österreichischen Arzt Ludwig Freyberger.

Kautsky, Luise, geb. Ronsperger (1864–1944), Verkäuferin, Geschäftsführerin in der elterlichen Konditorei, österreichische Sozialistin, ab 1890 zweite Ehefrau von Karl Kautsky, Übersetzerin, Publizistin, Assistentin und Begutachterin der kautskyschen Arbeiten, Haushaltsvorstand mit wienerischem Charme, eng mit Rosa Luxemburg und Hans Kautsky befreundet, stirbt im KZ Auschwitz-Birkenau.

Kautsky, Wilhelmine Eleonore Anna (Minna), geb. Jaich (1837–1912), Mutter von Karl Kautsky, zunächst Schauspielerin, dann erfolgreiche Schriftstellerin mit sozialkritischen Themen, lebt ab 1903 in Berlin in der Nähe ihres Lieblingssohnes in Berlin.

Lafargue, Laura, geb. Marx (1845–1911), Lehrerin, französische Sozialistin, zweite Tochter von Karl und Jenny Marx, Ehefrau von Paul Lafargue, als marxsche Erbin überlässt sie Kautsky die ökonomischen Manuskripte ihres Vaters.

Lafargue, Paul (1842–1911), Arzt, Journalist, französischer Sozialist und Revolutionär, Schwiegersohn von Karl Marx, arbeitet eng mit Jules Guesde zusammen.

Ledebour, Georg (1850–1947), Lehrer, Journalist, Demokrat, schließt sich 1891 der SPD an, wirkt auf deren linkem Flügel, 1917 Mitbegründer und Vorsitzender der USPD, gründet 1925 den Sozialistischen Bund, der 1931 der Sozialistischen Arbeiterpartei Deutschlands beitritt.

Levi, Paul (1883–1930), Rechtsanwalt, Dr. jur., Sozialdemokrat auf dem linken Flügel im Kaiserreich wie in der Weimarer Republik, Mitbegründer der KPD und 1919–1921 deren Vorsitzender, danach USPD-, dann SPD-Mitglied.

Liebknecht, Karl (1871–1919), Rechtsanwalt, Dr. jur., Sozialdemokrat, Antimilitarist, prägt mit Rosa Luxemburg den linken Flügel der SPD, enge Kontakte zur Familie Kautsky, protestiert ab Dezember 1914 öffentlich gegen den Krieg, 1916 Verhaftung, Mitbegründer der KPD, am 15.1.1919 ermordet, Sohn von Wilhelm Liebknecht.

Liebknecht, Wilhelm (1825–1900), Lehrer, Redakteur, Parlamentarier, (Mit-)Begründer der deutschen Sozialdemokratie und neben Bebel deren anerkannter Führer, Chefredakteur des *Vorwärts*, Vater von Karl Liebknecht.

Löbe, Paul (1875–1967), Schriftsetzer, deutscher Sozialdemokrat, Vizepräsident der Weimarer Nationalversammlung, Reichstagsabgeordneter 1920–1933, langjähriger Reichstagspräsident.

Luxemburg, Rosa (1871–1919), Wirtschaftswissenschaftlerin, Dr. phil., Publizistin, Lehrerin, polnische Sozialistin, wirkt ab 1898 in der deutschen, aber auch in der polnischen und russischen Sozialdemokratie, wird besonders von Luise Kautsky bis 1910 als zur Familie Kautsky gehörig betrachtet, prägt gemeinsam mit Karl Liebknecht den linken Flügel der SPD, ab 1916 in Schutzhaft, Mitbegründerin der KPD, am 15.1.1919 ermordet.

Marx-Aveling, Eleanor, geb. Marx (1855–1898), Sekretärin, Publizistin, englische Sozialistin und Gewerkschafterin, dritte Tochter von Karl und Jenny Marx, als Erbin überlässt sie Kautsky die ökonomischen Manuskripte ihres Vaters.

Masaryk, Tomáš Garrigue (1850–1937), Philosoph, Professor, tschechischer Demokrat, 1918–1935 Präsident der Tschechoslowakischen Republik, korrespondiert mit Kautsky.

Mayer, Gustav (1871–1948), Historiker, steht der SPD nahe, erster Geschichtsschreiber der deutschen Arbeiterbewegung, Mitarbeiter von Kautsky bei der Herausgabe der Weltkriegsakten.

Mehring, Franz (1846–1919), Historiker, Publizist, tritt 1891 der SPD bei, ständiger Mitarbeiter der *Neuen Zeit*, zerstreitet sich kurz vor dem Weltkrieg mit Kautsky, schließt sich der Spartakusgruppe an.

Ninković, Milica (1854–1881), Studentin, Übersetzerin, serbische Sozialistin, Geliebte von Karl Kautsky.

Noske, Gustav (1868–1946), Korbmacher, Sozialdemokrat, Ende Dezember 1918–März 1920 als Wehrbeauftragter im Rat der Volksbeauftragten bzw. Reichswehrminister verantwortlich für die militärische Niederschlagung revolutionärer Erhebungen, danach bis 1933 Oberpräsident der preußischen Provinz Hannover.

Parvus, Alexander (eigentlich Israil Lasarewitsch Helphand, 1867–1924), Wirtschaftswissenschaftler, Dr. phil., russischer Revolutionär, wirkt seit 1891 in der SPD auf dem linken Flügel, erwirbt durch Waffenhandel während der Balkankriege und des Weltkrieges ein Vermögen, unterstützt die deutsche Regierung im Kampf gegen Russland, gründet und finanziert 1915 die Zeitschrift *Die Glocke*.

Plechanow, Georgi Walentinowitsch (1856–1918), russischer Sozialist, seit 1880 im zumeist schweizerischen Exil, gilt als der Philosoph unter den Marxisten der zweiten Generation, Mitbegründer der Gruppe Befreiung der Arbeit, später Menschewik.

Posthumus, Nicolaas Wilhelmus (1880–1960), niederländischer Wirtschaftshistoriker, Archivar, gründet 1935 in Amsterdam das Internationale Institut für Sozialgeschichte, unterstützt Kautsky materiell, übernimmt dessen Nachlass.

Rottonara, Franz Angelo (1848–1938), österreichischer Theatermaler, Kompagnon von Johann, Fritz und Hans Kautsky.

Sassulitsch, Wera Iwanowna (1849–1919), russische Sozialistin, Anhängerin der Narodniki, seit 1878 im schweizerischen Exil, Mitbegründerin der Gruppe Befreiung der Arbeit, später Menschewikin.

Scheidemann, Philipp (1865–1939), Schriftsetzer, Sozialdemokrat, 1913–1918 Co-Vorsitzender der SPD-Reichstagsfraktion, 1919 erster gewählter Ministerpräsident der Weimarer Republik.

Seitz, Karl (1869–1950), Lehrer, österreichischer Sozialdemokrat, ab 1918 deren Parteivorsitzender, 1923–1934 Bürgermeister von Wien.

Singer, Paul (1844–1911), Kaufmann, Fabrikant, Sozialdemokrat, Parlamentarier, ab 1890 einer der beiden Vorsitzenden der SPD.

Soukup, František (1871–1940), Rechtsanwalt, Journalist, tschechischer Sozialdemokrat, ab 1920 Vize- bzw. ab 1929 Präsident des Tschechoslowakischen Senats.

Stampfer, Friedrich (1874–1957), Schriftsteller, Redakteur, österreichischer Sozialdemokrat, wirkt ab 1900 in Deutschland auf dem rechten SPD-Flügel, 1916–1938 fast ununterbrochen Chefredakteur des *Vorwärts* bzw. des *Neuen Vorwärts*.

Ströbel, Heinrich (1869–1944), Journalist, Redakteur, Sozialdemokrat auf dem linken Flügel, 1917 USPD-Mitglied, wird 1920 ausgeschlossen, erneuter Beitritt zur SPD.

Trotzki, Leo (eigentlich Lew Dawidowitsch Bronstein, 1879–1940), russischer Revolutionär zwischen bolschewistischen und menschewistischen Positionen, nach 1917 Volkskommissar (Minister) für

Äußeres bzw. das Militärwesen, in Mexiko in Stalins Auftrag ermordet.

Vandervelde, Émile (1866–1938), Sozialwissenschaftler, belgischer Sozialist, führendes Mitglied der II. Internationale, ab 1916 mehrfach Minister der belgischen Regierung.

Wurm, Emanuel (1857–1920), Chemiker, Redakteur, Sozialdemokrat, Mitarbeiter in der Redaktion der *Neuen Zeit* 1902–1917, dann USPD-Mitglied.

Zetkin, Clara, geb. Eißner (1857–1933), Lehrerin, Publizistin, Sozialdemokratin auf dem linken Flügel, führende Persönlichkeit in der deutschen und internationalen sozialistischen Frauenbewegung, Redakteurin der *Gleichheit*, tritt 1917 der USPD und 1919 der KPD bei, 1920–1933 Reichstagsabgeordnete, 1932 dessen Alterspräsidentin.

Ausgewählte Literaturhinweise

Monografien von Karl Kautsky (in chronologischer Reihenfolge)

Karl Marx' ökonomische Lehren. Gemeinverständlich dargestellt und erläutert von Karl Kautsky, Stuttgart 1887.

Das Erfurter Programm in seinem grundsätzlichen Teil erläutert von Karl Kautsky, Stuttgart 1892.

Der Parlamentarismus, die Volksgesetzgebung und die Sozialdemokratie, Stuttgart 1893.

Die Agrarfrage. Eine Übersicht über die Tendenzen der modernen Landwirtschaft und der Agrarpolitik der Sozialdemokratie, Stuttgart 1899.

Bernstein und das sozialdemokratische Programm. Eine Anti-Kritik, Stuttgart 1899.

Die soziale Revolution, Teil I: Sozialreform und soziale Revolution, Teil II: Am Tage nach der Revolution, Berlin 1902.

Ethik und materialistische Geschichtsauffassung. Ein Versuch, Stuttgart 1906.

Patriotismus und Sozialdemokratie, Leipzig 1907.

Der Ursprung des Christentums. Eine historische Untersuchung, Stuttgart 1908.

Der Weg zur Macht. Politische Betrachtungen über das Hineinwachsen in die Revolution, Berlin 1909.

Der politische Massenstreik. Ein Beitrag zur Geschichte der Massenstreikdiskussionen innerhalb der deutschen Sozialdemokratie, Berlin 1914.

Die Diktatur des Proletariats, Wien 1918.

Wie der Weltkrieg entstand. Dargestellt nach dem Aktenmaterial des Deutschen Auswärtigen Amtes, Berlin 1919.

Die proletarische Revolution und ihr Programm, Stuttgart/Berlin 1922.

Die Internationale und Sowjetrussland, Berlin 1925.

Die materialistische Geschichtsauffassung, 2 Bde., Berlin 1927.

Der Bolschewismus in der Sackgasse, Berlin 1930.

Krieg und Demokratie. Eine historische Untersuchung und Darstellung ihrer Wechselwirkungen in der Neuzeit, Berlin 1932.

Sozialisten und Krieg. Ein Beitrag zur Ideengeschichte des Sozialismus von den Hussiten bis zum Völkerbund, Prag 1937.

Erinnerungen und Erörterungen [1936], hrsg. u. bearb. von Benedikt Kautsky, `S-Gravenhage 1960.

Die Schriften von Karl Kautsky werden aufgeführt in: Werner 'Blumenberg: Karl Kautskys literarisches Werk. Eine bibliographische Übersicht, 'S-Gravenhage 1960.

Briefwechselbände/Memoiren (in chronologischer Reihenfolge)

Victor Adler: Briefwechsel mit August Bebel und Karl Kautsky sowie Briefe von und an Ignaz Auer, Eduard Bernstein, Adolf Braun, Heinrich Dietz, Friedrich Ebert, Wilhelm Liebknecht, Hermann Müller und Paul Singer, ges. u. erl. v. Friedrich Adler, Wien 1954.

Ein Leben für den Sozialismus. Erinnerungen an Karl Kautsky, Hannover 1954.

Friedrich Engels' Briefwechsel mit Karl Kautsky. Zweite, durch die Briefe Karl Kautskys vervollständigte Ausgabe von »Aus der Frühzeit des Marxismus«, hrsg. u. bearb. v. Benedikt Kautsky, Wien 1955.

Ursula Ratz: Briefe zum Erscheinen von Karl Kautskys »Weg zur Macht«, in: International Review of Social History, Vol. 12, Part 3, Amsterdam 1967.

August Bebels Briefwechsel mit Karl Kautsky, hrsg. v. Karl Kautsky Jr., Assen 1971.

Karl Kautsky und die Sozialdemokratie Südeuropas. Korrespondenz 1883-1938, hrsg. v. Georges Haupt, Janos Jemnitz u. Leo van Rossum, Frankfurt a. M./New York 1986

Karl und Luise Kautsky: Briefwechsel mit der Tschechoslowakei: 1879-1939, hrsg. v. Zdeněk Šolle. Unter Mitw. v. Jan Gielkens, Frankfurt a. M./New York 1993.

Eduard Bernsteins Briefwechsel mit Karl Kautsky (1895–1905), 2 Bde., eingel. u. hrsg. v. Till Schelz-Brandenburg, Frankfurt a.M./New York 2003.

Eduard Bernsteins Briefwechsel mit Karl Kautsky (1891–1895), eingel. u. hrsg. v. Till Schelz-Brandenburg, Frankfurt a. M./New York 2011.

Eduard Bernsteins Briefwechsel mit Karl Kautsky (1912–1932), eingel. u. hrsg. v. Eva Bettina Görtz, Frankfurt a. M./New York 2011.

Literatur
(in alphabethischer Reihenfolge)

Georg Fülberth: Karl Kautskys Schrift »Der Weg zur Macht« und seine Kontroverse mit dem Parteivorstand der SPD 1909, Frankfurt a. M. 1972.

Dick Geary: Karl Kautsky, Manchester 1987.

Dieter Groh: Negative Integration und revolutionärer Attentismus. Die deutsche Sozialdemokratie am Vorabend des Ersten Weltkrieges, Frankfurt a. M./Berlin/Wien 1973.

Jukka Gronow: On the Formation of Marxism. Karl Kautsky's Theory of Capitalism, the Marxism of the Second International and Karl Marx' Critique of Political Economy, Leiden 2016.

Ingrid Gilcher-Holtey: Das Mandat des Intellektuellen. Karl Kautsky und die Sozialdemokratie, Berlin 1986.

Beate Häupel: Karl Kautsky. Seine Auffassungen zur politischen Demokratie. Eine ideengeschichtliche Betrachtung unter besonderer Berücksichtigung seines Modells der politischen Institutionen, Frankfurt a. M./Berlin/Bern/New York/Paris/Wien 1993.

Kautsky/Luxemburg/Mehring/Parvus/Trotzki: Auf dem Weg zur permanenten Revolution. Texte zur Russischen Revolution 1905, Berlin 2017.

John H. Kautsky: Marxism, revolution & democracy, New Brunswick/London 1994.

Karl Kautsky: Referate und Beiträge der halleschen Konferenz anlässlich des 50. Todestages, hrsg. v. Werner Kowalski, Halle/S. 1990.

Horst Klein: Beiträge zur linkssozialistischen Theoriegeschichte im 20. Jahrhundert. Sozialisten im Streit für eine bessere Welt. Unterbesonderer Berücksichtigung der Ideen von Max Adler, Otto Bauer, Eduard Bernstein, Gustav Eckstein, Tatiana Grigorovice, Rudolf Hilferding, Karl Kautsky und Karl Renner, Strausberg 2015.

Harald Koth: »Meine Zeit wird wieder kommen ...«. Das Leben des Karl Kautsky, Berlin 1993.

Annelies Laschitza: Karl Kautsky (1854–1983). Ein »unverbesserlicher Marxist«, in: Lebensbilder europäischer Sozialdemokraten des 20. Jahrhunderts, hrsg. v. Otfried Dankelmann, Wien 1995.

Matthias Lemke: Republikanischer Sozialismus. Positionen von Bernstein, Kautsky, Jaurès und Blum, Frankfurt a. M./New York 2008.

Marxismus und Demokratie. Karl Kautskys Bedeutung in der sozialistischen Arbeiterbewegung, hrsg. v. Jürgen Rojahn, Frankfurt a. M./New York 1992.

Erich Matthias: Kautsky und der Kautskyanismus. Die Funktion der Ideologie in der deutschen Sozialdemokratie vor dem ersten Weltkrieg, Tübingen 1956.

Hans-Jürgen Mende: Karl Kautsky. Vom Marxisten zum Opportunisten. Studie zur Geschichte des historischen Materialismus, Berlin 1985.

Christina Morina: Die Erfindung des Marxismus. Wie eine Idee die Welt veränderte, München 2017.

Yuval Rubovitch: Marxismus, Revisionismus, Zionismus. Eduard Bernstein, Karl Kautsky und die Frage der jüdischen Nationalität, Berlin/Leipzig 2021.

Till Schelz-Brandenburg: Eduard Bernstein und Karl Kautsky. Entstehung und Wandlung des sozialdemokratischen Parteimarxismus im Spiegel ihrer Korrespondenz 1879 bis 1932, Köln/Weimar/Wien 1992

Gary P. Steenson: Karl Kautsky 1854–1938. Marxism in the classical years, Pittsburgh 1991.

Hans-Josef Steinberg: Sozialismus und deutsche Sozialdemokratie. Zur Ideologie der Partei vor dem 1. Weltkrieg, Hannover 1967.

Zum Herausgeber

Dr. phil. habil. Harald Koth (*1951) Schlößchen/Erzgebirge, Historiker, 1970 bis 1974 Studium der Geschichte, Politikwissenschaft, Volkswirtschaftslehre und Philosophie an der Karl-Marx-Universität in Leipzig, 1978 Promotion und 1985 Habilitation, Publikationen zur Geschichte der deutschen und internationalen Sozialdemokratie Ende des 19./Anfang des 20. Jahrhunderts sowie zu Karl Kautsky. 1994–2016 Gastspiel in der Finanzdienstleistungsbranche. 1993 erschien von ihm bei Dietz Berlin »Meine Zeit wird wieder kommen. Das Leben des Karl Kautsky«.

Bildnachweise

Bain News Service, Publisher, Library of Congress 2014711125 (Cover und S. 7); Coverillustration Homann

Bundesarchiv: BildY 10-767-355-68 (S. 23), BildY 10-RL2-750-71 (S. 50)

International Institute of Social History (Amsterdam): KKP, BG A7/200 (S. 17), KKP, BG A7/257 (S. 65), KKP, BG B2/480 (S. 79), KKP, BG A7/291 (S. 93), KKP, BG A7/219 (S. 155)

Schweizerisches Sozialarchiv: Sozarch_F_Fb-0009-42 (S. 85)